PEQUENO TRATADO DO DECRESCIMENTO SERENO

Título original:
Petit Traité de la Décroissance Sereine
de Serge Latouche

Tradução: Victor Silva

Capa: FBA

Depósito Legal nº 321450/11

Biblioteca Nacional de Portugal – Catalogação na Publicação

LATOUCHE, Serge

Pequeno tratado do decrescimento sereno. – (Extra-colecção)
ISBN 978-972-44-1646-5

CDU 316
338

IMPRESSÃO E ACABAMENTO
Forma Certa Gráfica Digital
para
EDIÇÕES 70, LDA
Maio de 2023

ISBN: 978-972-44-1646-5

EDIÇÕES 70, LDA
LEAP CENTER - Espaço Amoreiras
Rua D. João V, n.º 24, 1.03 - 1250-091 Lisboa - Portugal
e-mail: geral@edicoes70.pt

www.edicoes70.pt

SERGE LATOUCHE

PEQUENO TRATADO DO DECRESCIMENTO SERENO

70

ÍNDICE

Prefácio 9

Introdução 11

I. **O Território do Decrescimento** 15
Um ovni no microcosmo politiqueiro 15
O que é o decrescimento? 18
A batalha das palavras e das ideias 20
As duas fontes do decrescimento 25
A adicção ao crescimento 29
A alga verde e o caracol 35
Uma pegada ecológica insustentável 38
Uma falsa solução: reduzir a população 41
A corrupção política do crescimento 45

II. **O Decrescimento: uma Utopia Concreta** 47
A revolução do decrescimento 47
O círculo virtuoso do decrescimento sereno 49
O decrescimento como projecto local 63
Reduzir significa regredir? 74
O Sul e o desafio do decrescimento 81
O decrescimento é reformista ou revolucionário? 91

III. **O Decrescimento: um Programa Político** 95
Um programa eleitoral 96
Do trabalho para todos numa sociedade do decrescimento 107

Sair da a sociedade "trabalhista" através do decrescimento 113
Será o decrescimento é solúvel no capitalismo? . . 122
O decrescimento é de direita ou de esquerda? . . . 127
Será necessário um partido do decrescimento? . . . 130

Conclusão: o Decrescimento é um Humanismo? 133

Bibliografia 145

PREFÁCIO

> "Se o fundamentalismo do crescimento que dirige actualmente o mundo continuar nesta via, justificará um fundamentalismo naturalista que considera a indústria como o Mal."
>
> Bernard CHARBONNEAU (1)

Numa recensão simpática do *Le Monde diplomatique*, o meu opúsculo precedente, *Survivre au développement. De la déclaration de l'imaginaire économique à la construction d'une société alternative* (2), foi considerado um "breviário do decrescimento" (3). Este juízo era algo abusivo por duas razões: por um lado, porque o projecto duma sociedade do decrescimento era apenas esboçado na conclusão da obra e, por outro, porque a análise detalhada de que este projecto seria o resumo ainda não fora efectuada. Em *Survivre au développement*, o decrescimento era apenas uma das duas pistas propostas, sendo a outra o "localismo". Aliás, o círculo virtuoso do decrescimento convivial apenas incluía 6 "R", contra 8 actual-

---

(1) *Une seconde nature*, Pau, 1981, p. 108.

(2) Paris, Mille et une nuits, 2004.

(3) Por Nicolas Truong, *Le Monde diplomatique*, Janeiro de 2005.

mente ([4]). Ora, precisamente, o localismo foi introduzido e integrado no círculo sob a forma de relocalização e foi acrescentada também a reconceptualização. Para além disso, este primeiro esboço não propunha qualquer reflexão sobre a transição política possível para realizar a utopia do decrescimento no Norte, enquanto o Sul era ignorado. Existe agora um projecto mais elaborado de sociedade alternativa, em *Le Pari de la décroissance* ([5]), que a revista *L'Écologiste* considerou de imediato a "bíblia" do decrescimento ([6]).

No entanto, a ideia de produzir um texto curto que ficaria a constituir um resumo do *corpus* das análises já disponíveis sobre o decrescimento continuou a fazer o seu caminho. Apesar de retomar de maneira sintética as conclusões principais de *Le Pari de la décroissance*, que o leitor desejoso de aprofundar o assunto é convidado a consultar, este opúsculo possui uma originalidade própria. Dele constam desenvolvimentos novos da reflexão sobre o tema, sobretudo os que resultam dos debates que surgiram na revista *Entropia* ([7]). A preocupação com as realizações concretas a diferentes níveis é nele levada claramente mais longe. Por isso, não é tanto "tudo o que queria saber sobre o assunto, mas tinha medo de perguntar", mas sobretudo um instrumento de trabalho com utilidade para qualquer responsável associativo ou político empenhado, nomeadamente ao nível local ou regional.

([4]) Recordemos estes oito objectivos interdependentes susceptíveis de desencadear um círculo virtuoso de decrescimento sereno, convivial e sustentável: reavaliar, reconceptualizar, reestruturar, redistribuir, relocalizar, reduzir, reutilizar e reciclar.

([5]) *Le Pari de la décroissance*, Paris, Fayard, 2006.

([6]) *L'Écologiste*, nº 20, Setembro-Novembro de 2006.

([7]) "Décroissnace et politique", Novembro de 2006; "Travail et décroissance", Abril de 2007, Lyon, Parangon.

INTRODUÇÃO

> "Se for inevitável que a Terra perca a maior parte da sua beleza devido aos danos provocados pelo crescimento ilimitado da riqueza e da população [...], então, para benefício da posteridade, desejo sinceramente que nos contentemos em manter-nos onde estamos nas condições actuais, em vez de sermos obrigados a fazê-lo por necessidade."
>
> JOHN STUART MILL (8)

Há demasiadas interrogações neste nosso mundo, diz-nos Woody Allen: donde viemos? Para onde vamos? E o que é que vamos comer hoje à noite? Se para dois terços da humanidade a terceira questão é a mais importante, para nós, no Norte, empanturrados com o excesso de consumo, deixou de ser uma preocupação. Consumimos demasiada carne, demasiada gordura, demasiado açúcar, demasiado sal. Estamos, por isso, ameaçados pelo excesso de peso. Corremos o risco de adoecer com diabetes, cirrose do fígado, colesterol e obesidade (9).

---

(8) *Principi di economia politica,* Turim, Utet, 1979, pp. 748-751.

(9) 60% da população dos Estados Unidos, 30% da da Europa e 20% das crianças francesas (fonte: Dominique Belpomme, *Avant qu'il ne soit trot tard,* Paris, Fayard, 2007, p. 138).

Procederíamos melhor se fizéssemos dieta. Esquecemo-nos das outras duas questões que, embora menos urgentes, são ainda mais importantes. Recordemo-nos dos objectivos que, no início do milénio, a "comunidade" internacional para si mesma estabeleceu para 2015: saúde para todos e erradicação da pobreza – e com grande prioridade relativamente à luta contra as diversas poluições.

Para onde vamos? Directamente contra a parede. Estamos dentro de um bólide sem condutor, sem marcha-atrás e sem travões que vai despedaçar-se contra os limites do planeta.

Na verdade, estamos perfeitamente cientes da situação. Desde *Silent Spring*, de Rachel Carson (1962), houve demasiadas vozes autorizadas a fazer-se ouvir para que possamos fingir desconhecer o problema. O famoso relatório do Clube de Roma, "Os Limites do Crescimento" (1972), avisou-nos que a continuação indefinida do crescimento era incompatível com os "fundamentos" do planeta ([10]). Todos os dias, ou quase, surgem outros relatórios perturbadores, oriundos das mais diversas origens, que confirmam este diagnóstico de bom senso. Assim, após a declaração de Wingspread (1991) ([11]), do Apelo de Paris (2003) ([12]) e do Millennium Assessment

---

([10]) Sempre sob a orientação de Dennis Meadows, o Clube de Roma publicou depois: *Beyond the Limits to Growth – an update*, Boston Chelsea Green, 1992, e *Limits to Growth: The 30-year Update*, Boston Chelsea Green, 2004.

([11]) Declaração de 22 biólogos, na sua maioria americanos, chamando a atenção para os perigos dos produtos químicos.

([12]) Declaração internacional apresentada por instância do professor Belpomme a alertar para os perigos para a saúde resultantes do crescimento económico.

Report ([13]), foram redigidos os relatórios do Grupo de Peritos Intergovernamentais sobre a Evolução do Clima (GIEC), os das ONG especializadas (WWF, Greenpeace, Les Amis de la Terre, Worldwatch Institute, etc.), para além dos relatórios semi-secretos do Pentágono, dos mais confidenciais da fundação Bilderberg, do de Nicolas Stern para o governo britânico, etc., sem falar dos apelos lançados pelo presidente Chirac, em Joanesburgo, e por Nicolas Hulot, na campanha presidencial de 2007, e ainda o do ex-vice-presidente americano Al Gore...

Todavia, com a nossa refeição da noite garantida, pretendemos tudo ignorar. Ocultamos sobretudo a questão de saber donde viemos, que é de uma sociedade do crescimento, ou seja, de uma sociedade fagocitada por uma economia que não possui outra finalidade senão o crescimento pelo crescimento. É significativa a ausência de verdadeira crítica à sociedade do crescimento na maioria das intervenções dos *ambientalistas*, que iludem a questão com o discurso sinuoso sobre o desenvolvimento duradouro ([14]). Denunciar o "frenesim das actividades humanas" ou a embalagem do motor do progresso não pode compensar a ausência da análise da megamáquina tecnoeconómica capitalista e

---

([13]) Millennium Assessment Report, "*Living Beyond Our Means: Natural Assets and Human Well-Being*" (http: //millenniumassessment.org). Trata-se dum relatório das Nações Unidas que se baseia nos trabalhos de 1360 especialistas de 95 países, publicado em Tóquio, em 30 de Março de 2003, que demonstra que a actividade humana abusa das capacidades de regeneração dos ecossistemas, a ponto de comprometer os objectivos económicos, sociais e de saúde fixados para 2015 pela comunidade internacional.

([14]) Vd. Nicolas Hulot, *Pour un pacte écologique*, Paris, Calmann-Lévy, 2006.

mercantil de que somos provavelmente peças cúmplices, mas não as molas reais. Este sistema assente na desmesura está a conduzir-nos a um impasse. Esta esquizofrenia coloca o teórico perante uma situação paradoxal: tem a sensação de estar a forçar portas abertas e, ao mesmo tempo, a de estar a pregar no deserto. Dizer que o crescimento infinito é incompatível com um mundo finito e que as nossas produções e os nossos consumos não podem ultrapassar a capacidade de regeneração da biosfera são evidências que não dão muito trabalho a partilhar. Porém, são muito mais dificilmente aceites as consequências incontestáveis de que estas mesmas produções e estes consumos devem ser reduzidos (cerca de dois terços no caso da França) e que a lógica do crescimento sistemático em todas as direcções (cujo núcleo é a compulsão e a adicção ao crescimento do capital financeiro), bem como o nosso modo de vida, devem, portanto, ser postos em causa. Quanto à designação dos principais responsáveis, parece francamente blasfematória.

Quando a torrente extravasa do seu leito e ameaça tudo arrastar, a necessidade do abaixamento do nível das águas, ou seja, a própria ideia de decrescimento, é mal recebida. No entanto, se pretendermos abandonar a letargia que nos impede de agir, é indispensável a sua aceitação. Requer-se, portanto, avaliar o seu alcance (**I**), propor uma alternativa ao delírio da sociedade do crescimento, que é a utopia concreta do decrescimento (**II**), e, por fim, explicitar quais os meios da sua realização (**III**).

I

O TERRITÓRIO DO DECRESCIMENTO

> "Então uma dúvida imensa começa a perturbar os espíritos. A ideia de que é necessário sobreproduzir para que se compre muito, que é a ideia que domina a vida económica de todo o país, será assim tão adequada? Quando o mercado está saturado e a produção continua, o que será o futuro? Fez-se uma campanha publicitária para que cada família comprasse dois automóveis. Um só não basta. Ir-se-á convencê-las a comprar três? Compra-se a crédito o automóvel, a casa, o frigorífico, o sobretudo, os sapatos... Chegará, todavia, o momento em que será necessário pagar as contas."
>
> Paul HAZARD, *Le Malaise américain* ([15])

Um ovni no microcosmo politiqueiro

Em apenas poucos meses, o tema do decrescimento fez uma entrada política e mediática notável. Tendo

([15]) Paul Hazard em *Le Malaise américain* (1931), citado por Pierre Tertrais, *Du développement à la déviance. De la nécessité de sortir de l'impasse suicidaire du capitalisme*, Paris, Éditions du Monde libertaire, 2004 (nova edição de 2006, p. 66), p. 20.

sido um tema tabu durante muito tempo, tornou-se objecto de debate, é claro, entre os Verdes ([16]), na Confederação dos Agricultores ([17]) (o que não é muito surpreendente), no movimento altermundialista ([18]) e mesmo entre um público muito mais vasto. O decrescimento foi introduzido na campanha eleitoral nacional italiana, nas eleições de 2006 ([19]) e depois no debate político francês ([20]), em 2007.

O decrescimento está também no centro das contestações, cada vez mais vivas ao nível regional e local, aos "grandes projectos". Na Itália, as resistências multiplicam-se: no vale de Susa, contra o TGV Lyon-Turim e o seu túnel monstruoso, contra a megaponte sobre o estreito de Messina, contra o Mosé na lagoa de Veneza, contra as incineradoras (em Trento e noutros locais), contra a central eléctrica a carvão de Civitavecchia, etc. Em França, a resistência aos "grandes projectos" – centrais térmicas a carvão, projecto Iter (International Ther-

---

([16]) Vd. "La Décroissance pourquoi?", *Vert contact*, nº 709, Abril de 2004.

([17]) "Objectif décroissance: la croissance en question", *Campagnes solidaires*, mensário da Confédération paysanne, nº 182, Fevereiro de 2004.

([18]) Vd. *Politis* de 11 de Dezembro de 2003, dossiê sobre o decrescimento.

([19]) Retomado pelos "Verdi" e objecto de fricções entre a Rifondazione e os outros partidos da coligação anti-Berlusconi. Paolo Cacciari foi eleito deputado por Veneza na lista da Rifondazione, após a publicação duma apologia do decrescimento, *Pensare la decrescita. Sostenabilitá ed equitá*, Cantieri Carta/edizioni Intra Moenia, 2006. Maurizio Pallante, autor do manifesto *La Decrescita felice. La Quantità della Vita non dipende dal PIL* (Roma, Editori Riunite, 2005), é conselheiro do novo ministro verde do Ambiente.

([20]) Introduzido mais explicitamente por Yves Cochet entre os Verdes e um pouco menos por José Bové. Mas todos os candidatos presidenciais foram interpelados em relação a esta questão.

monuclear Experimental Reactor) e grandes infra-estruturas de transporte – teve mais dificuldades de coordenação e de desenvolvimento, devido à nossa centralização e ao poder administrativo, mas começa a despontar ([21]).

Um pouco por toda a parte, em França, na Itália e, desde há pouco tempo, na Bélgica e em Espanha, vão-se constituindo espontaneamente grupos pró-decrescimento, organizando marchas e criando redes. A ideia de "decrescimento" inspira, aliás, comportamentos individuais e colectivos. Mencionemos o movimento Cambiaresti, que pretende promover um "balanço de justiça", ou seja, uma pegada ecológica equitativa (1300 famílias apenas no Véneto), as ecoaldeias, os AMAP (Associations pour le maintien d'une agriculture paysanne) em França, os GAS (grupo de compradores solidários) em Itália, os adeptos da simplicidade voluntária ([22]), etc. O aparecimento deste movimento, um "ovni" no microcosmo politiqueiro, colocou os *media* em ebulição. Os jornais, as rádios e até as televisões envolveram-se no assunto. Embora alguns deles tenham realizado um esforço sério de informação ([23]), muitos decidiram tomar posição a favor ou contra sem reflectir muito no assunto e, mais frequentemente, deformando as raras análises disponíveis. O que é que subjaz a este

---

([21]) Vd. Simon Charbonneau, *Résister à la croissance des grandes infrastructures de transport* (a publicar) e Jean Monestier (*Entropia*, nº 2) e "La Grande Illusion des aéroports régionaux", *Fil du Conflent*, nº 14, Prades, Atelier de la Chouette, Abril-Maio de 2007.

([22]) Hervé-René Martin, *Éloge de la simplicité volontaire*, Paris, Flammarion, 2007. Vd. também Serge Latouche, *Le Pari de la décroissance*, *op. cit.*, pp. 101-111.

([23]) Mencionemos *Politis*, *Carta* e *Le Monde diplomatique*, bem como o jornal *La Décroissance*, o seu homólogo italiano, *La Decrescita*, e a revista *Entropia*, já referida.

"conceito novo" de decrescimento? Será solúvel no desenvolvimento duradouro? Donde provém? Por que razão será necessário? São estas as interrogações que surgem com maior frequência.

O que é o decrescimento?

O decrescimento é um *slogan* político com implicações teóricas, uma "palavra-obus", como diz Paul Ariès, que procura acabar com a linguagem estereotipada dos drogados do produtivismo ([24]). Dado que o contrário de uma ideia perversa não é necessariamente uma ideia virtuosa, não se trata de preconizar o decrescimento pelo decrescimento, o que seria absurdo, embora, afinal, não o fosse mais nem menos do que preconizar o crescimento pelo crescimento... A palavra de ordem do decrescimento tem sobretudo por finalidade ficar a assinalar claramente o abandono do objectivo do crescimento ilimitado, cujo motor não é senão a busca do lucro pelos detentores do capital, com consequências desastrosas para ao ambiente e, portanto, para a humanidade. Não só a sociedade está reduzida a ser apenas o instrumento ou o meio da mecânica produtiva, mas o próprio homem tende a tornar-se o resíduo dum sistema que visa torná-lo inútil e a passar sem ele ([25]).

O decrescimento para nós não é o crescimento negativo, um oximoro absurdo que traduz o domínio do

---

([24]) Paul Ariès, *Décroissance ou barbarie*, Lyon, Golias, 2005.

([25]) "A ideia de que o crescimento económico constitui um fim em si implica que a sociedade é um meio", François Flahaut, *Le Paradoxe de Robinson. Capitalisme et société*, Paris, Mille et une nuits, 2005, p. 16.

imaginário do crescimento ([26]). Todos sabemos que o mero abrandamento do crescimento faz mergulhar as nossas sociedades na confusão, aumenta a taxa de desemprego e desencadeia o abandono dos programas sociais, de saúde, educativos, culturais e ambientais que asseguram o mínimo indispensável da qualidade de vida. Podemos imaginar a catástrofe que uma taxa de crescimento negativa iria provocar! Tal como não há nada pior do que uma sociedade "trabalhista" sem trabalho, também não há nada pior do que uma sociedade do crescimento em que este falha ao encontro marcado. Esta regressão social e civilizacional é precisamente o que nos espera se não mudarmos de trajectória. Por todas estas razões, o decrescimento só é concebível numa "sociedade do decrescimento", ou seja, no quadro dum sistema que se baseie noutra lógica. A alternativa é, portanto, o decrescimento ou a barbárie!

Em rigor, ao nível teórico conviria falar de "*a*-crescimento" – tal como se fala de *a*-teísmo –, mais do que de *de*-crescimento. Trata-se, aliás, neste aspecto, de abandonar uma fé ou religião, a da economia, do progresso e do desenvolvimento, de rejeitar o culto irracional e quase idólatra do crescimento pelo crescimento.

De início, o decrescimento é, portanto, apenas uma bandeira atrás da qual se congregam os que procederam a uma crítica radical do desenvolvimento ([27]) e pretendem desenhar os contornos dum projecto alternativo para uma política do pós-desenvolvimento ([28]).

([26]) A expressão significaria literalmente "avançar recuando".

([27]) Vd. o nosso artigo "En finir une fois pour toutes avec le développement", *Le Monde diplomatique*, Maio de 2001.

([28]) Vd. "Bouillons pour l'avenir: contributions au débat sur les alternatives", *Les Nouveaux Cahiers de l'IUED*, nº 14, Paris-Genebra, PUF, 2003.

O seu objectivo é uma sociedade em que se viverá melhor, trabalhando e consumindo menos ([29]). Trata-se duma proposta necessária para reabrir o espaço da inventividade e da criatividade do imaginário, bloqueado pelo totalitarismo economicista, desenvolvimentista e progressista.

A batalha das palavras e das ideias

Certamente para neutralizar o seu potencial subversivo, tenta-se muitas vezes incluir o decrescimento no âmbito do desenvolvimento duradouro, embora o termo se tenha imposto para abandonar a impostura e as confusões criadas por esta expressão "englobante", que podemos encontrar até nos pacotes de café Lavazza... As declarações dos grandes patrões são também um testemunho da mistificação do desenvolvimento duradouro, como é o caso, entre muitos outros, do director-geral da Nestlé ("O desenvolvimento duradouro é fácil de definir: se o nosso bisavô, o nosso avô e os nossos filhos continuarem a ser consumidores fiéis de produtos Nestlé, então trabalhámos de forma dura-

([29]) Tal corresponde bastante bem ao que André Gorz referia há uns anos com a expressão (não muito feliz) de "racionalização ecológica". "O sentido da racionalização ecológica pode ser sintetizado com a divisa 'menos, mas melhor'. A *modernização* ecológica exige que o investimento já não esteja ao serviço do crescimento, mas sim do decrescimento da economia, quer dizer, da diminuição da esfera regida pela racionalidade económica no sentido moderno. Não pode haver modernização ecológica sem restrições impostas à dinâmica da acumulação capitalista e sem redução do consumo por autolimitação. As exigências da modernização ecológica coincidem com as de uma relação Norte-Sul transformada e com a perspectiva originária do socialismo", *Capitalisme, socialisme, écologie*, Paris, Galilée, 1991, p. 93.

doura. E isso é o que se passa com mais de 5 mil milhões de pessoas em todo o mundo") ([30]), e de Michel-Édouard Leclerc (A expressão [desenvolvimento duradouro] é tão ampla, serve para tanta coisa, que, tal como o Sr. Jourdain, toda a gente a pode reivindicar. É verdade, aliás, que se trata dum *conceito* em moda, quer no mundo empresarial, quer em qualquer debate social. E daí? Em todas as épocas, os comerciantes souberam recuperar os bons *slogans*") ([31]).

A questão fica assim esclarecida: trata-se, ao mesmo tempo, dum pleonasmo ao nível da definição e dum oximoro ao nível do conteúdo. É um pleonasmo porque o desenvolvimento é desde logo um *self-sustaining growth* ("crescimento auto-sustentável"), segundo Rostow, e é um oximoro porque o desenvolvimento nem é duradouro nem sustentável ([32]).

Sejamos claros: o problema nem reside tanto no "duradouro" ou no "sustentável" ("*sustainable*"), que, de certo modo, remete para o princípio da responsabilidade do filósofo Hans Jonas e para o princípio da prudência, alegremente violado pelos agentes do desenvolvimento. Com efeito, sem falarmos do caso emblemático do amianto, é longa a lista dos domínios em que

---

([30]) Peter Brabeck-Letmathe, director geral da Nestlé, no fórum de Davos de 2003, citado por Christian Jacquiau, *Les Coulisses du commerce équitable*, Paris, Mille et une nuits, 2006, p. 151.

([31]) Michel-Édouard Leclerc, *Le Nouvel Économiste*, 26 de Março de 2004, citado por Christian Jacquiau, *op. cit.*, p. 281.

([32]) É interessante notar que, segundo a WWF (relatório de 2006), apenas um país satisfaz os critérios do desenvolvimento duradouro, ou seja, apresenta um nível de desenvolvimento humano elevado e uma pegada ecológica sustentável: Cuba! Apesar disso, e em contradição com os dados fornecidos, o relatório Stern traduz um optimismo de fachada (aliás, tal como Nicolas Hulot): "*We can be green and grow*" ("Podemos ser 'verdes' e continuar a crescer").

ele não é aplicado: nuclear, organismos geneticamente modificados (OGM), telemóveis, pesticidas (Gaucho, Paraquat), directiva REACH ([33]), etc. O desenvolvimento é um termo tóxico, independentemente do adjectivo com que seja travestido ([34]). Para realizar a quadratura do círculo, o desenvolvimento duradouro encontrou agora o seu instrumento privilegiado: os "mecanismos de desenvolvimento próprios", expressão que designa as tecnologias que economizam energia ou carbono, sob a forma de ecoeficiência. Estamos ainda na fase da diplomacia verbal. Os desempenhos inegáveis e desejáveis da técnica não põem em causa a lógica suicidária do desenvolvimento. Trata-se sempre de mudar o penso em vez de se pensar a mudança...

A luta de classes e os combates políticos desenrolam-se também na arena das palavras. Como sabemos, o desenvolvimento, conceito etnocêntrico e etnocidário, impôs-se pela sedução, associada à violência da colonização e do imperialismo, constituindo uma verdadeira "violação do imaginário", na bela expressão de Aminata Traoré ([35]).

([33]) O acrónimo REACH corresponde a: registo, avaliação, autorização e restrições relativos às substâncias químicas (em inglês: Registration, Evaluation, Authorisation and Restriction of Chemicals).

([34]) Até um economista tão convencional como Claudio Napoleoni escrevia no fim da sua vida: "Já não podemos contentar-nos apenas com imaginar um 'novo modelo de desenvolvimento'. A expressão 'novo modelo de desenvolvimento' carece de sentido. Se o que é preciso é encontrar um novo modelo, não será dum modelo de desenvolvimento [...]. Não creio que possamos resolver ao mesmo tempo o problema dum crescimento mais elevado e duma mudança qualitativa do desenvolvimento", em *Cercare ancora. Lettera sulla laicità e ultimi scritti*, Roma, Editori Riuniti, 1990, p. 92.

([35]) Aminata Traoré, *Le Viol de l'imaginaire*, Paris, Actes Sud/ /Fayard, 2002.

A batalha das palavras alastra, mesmo quando apenas se trata de impor subtilezas semânticas que podem parecer mínimas. Por exemplo, por volta de finais dos anos 1970, a expressão *sustainable development* prevaleceu sobre uma que era mais neutra, a de "ecodesenvolvimento", adoptada em 1972, na conferência de Estocolmo, devido à pressão do *lobby* industrial americano e graças à intervenção pessoal de Henry Kissinger.

Por trás destas querelas, percebemos claramente divergências de opinião, de concepções do mundo e de interesses (e não apenas de conhecimentos) ([36]). O "desenvolvimento duradouro", introduzido como expressão mágica em todos os programas políticos, "não tem por função, tal como afirma Hervé Kempf, senão manter os lucros e evitar a transformação dos hábitos, quase nada mudando a direcção seguida" ([37]). Falar de "outro" desenvolvimento, tal como de "outro" crescimento, traduz ou uma grande ingenuidade ou uma grande duplicidade. Recordemos que em 1972, quando o presidente da Comissão Europeia Sicco Mansholt, retirando corajosamente as devidas ilações do relatório do Clube de Roma, pretendeu inflectir as políticas de Bruxelas no sentido de pôr em causa o crescimento, o comissário francês Raymon Barre expressou publicamente o seu desacordo. Acabou-se por aceitar que era necessário tornar o crescimento mais humano

---

([36]) O movimento *alternativo* não escapa a isso. "Bati-me contra a palavra 'crescimento', que usurpava a de 'desenvolvimento', declara Alain Lipietz. Também luto hoje contra a de 'decrescimento'", em "Peut-on faire l'économie de l'environnement?", *Cosmopolitiques*, nº 13, Apogée, 2006, p. 117.

([37]) Hervé Kempf, *Comment les riches détruisent la planète*, Paris, Le Seuil, 2007. "Mas, acrescenta ele, são os lucros e os hábitos que nos impedem de mudar de direcção."

e mais equilibrado. Todavia... sabe-se qual foi o resultado desta ideia. Nessa época, o secretário-geral do Partido Comunista Francês (PCF) denunciou o "programa monstruoso" dos dirigentes da Comunidade Económica Europeia (CEE). As coisas felizmente evoluíram: "Em 2006, segundo Bernard Saincy, responsável da Confederação Geral do Trabalho (CGT), foi ultrapassada uma nova etapa, ao fazer-se do desenvolvimento duradouro uma verdadeira orientação do sindicato, traduzida na palavra de ordem 'dar um novo conteúdo ao crescimento'" ([38]). Mais um esforço, camaradas!

Seria necessário, com certeza, fazer a distinção entre "desenvolvimento" e "crescimento" (em minúsculas) enquanto fenómenos de evolução que afectam uma realidade precisa (a população, a produção de batatas, a quantidade de lixo, a toxicidade das águas, etc.) e que podem ser (ou não) eminentemente desejáveis, e Desenvolvimento e Crescimento (com maiúsculas) enquanto conceitos abstractos que designam o dinamismo económico que é em si mesmo o seu próprio fim. A confusão dos dois não é da nossa responsabilidade. Ela é sabiamente mantida pela ideologia dominante.

No entanto, para que o mundo que desejamos não se pareça demasiado com aquele em que vivemos, seria oportuno descolonizar os nossos imaginários. Não podemos ter a certeza de dispor ainda de mais 30 anos à nossa frente.

([38]) Entrevista com Bernard Saincy e Fabrice Flipo: "CGT et Amis de la Terre: quels compromis possibles?", em *Cosmopolitiques*, nº 13, *op. cit.*, p. 176.

As duas fontes do decrescimento

Embora este termo "decrescimento" seja, portanto, de uso muito recente nos debates económicos, políticos e sociais, a origem das ideias que ele veicula tem uma história mais antiga, estando relacionada, por um lado, com a crítica *culturalista* da economia e, por outro, com a crítica ecologista. Desde o seu início, a sociedade "termo-industrial" gerou tantos sofrimentos e injustiças que não parecia desejável a muitos. Embora a industrialização e a técnica tenham sido pouco criticadas até um período recente, excepção feita ao luddismo ([39]), o fundamento antropológico da economia enquanto teoria e enquanto prática, o *homo œconomicus*, é denunciado por todas as ciências humanas por ser redutor ([40]). A base teórica e a aplicação prática (a sociedade moderna) são questionadas pela sociologia de Émile Durkheim e de Marcel Mauss, pela antropologia de Karl Polanyi e Marshall Sahlins e pela psicanálise de Erich Fromm e Gregory Bateson. O projecto duma sociedade autónoma e frugal captado pelo *slogan* do decrescimento não surgiu ontem. Sem remontarmos até a algumas utopias do primeiro socialismo ([41]), nem à tradição anarquista renovada pelo situacionismo, tal projecto foi formulado, a partir dos anos 1960, duma maneira que está próxima da nossa por André Gorz, François Partant,

---

([39]) Movimento operário britânico dos anos 1811-1812, derivado do nome do seu líder Ned Ludd, conhecido pelas suas destruições de máquinas (teares).

([40]) Vd. Serge Latouche, *L'Invention de l'économie*, Paris, Albin Michel, 2005.

([41]) Embora algumas delas, como Thierry Paquot chama a atenção, sejam autênticas precursoras do decrescimento. Vd. Thiery Paquot, *Utopies et utopistes*, Paris, La Découverte, 2007, p. 33.

Jacques Ellul, Bernard Charbonneau e, sobretudo, por Cornelius Castoriadis e Ivan Illich ([42]). O fracasso do desenvolvimento do Sul e a perda de referências no Norte conduziram estes pensadores a colocar em questão a sociedade de consumo e as suas bases imaginárias: o progresso, a ciência e a técnica.

Esta crítica acabou por levar à busca dum "pós-desenvolvimento". Ao mesmo tempo, a tomada de consciência da crise ambiental contribuiu com uma nova dimensão: a sociedade do crescimento não só não é desejável, como também não é sustentável!

A intuição dos limites físicos do crescimento económico remonta sem dúvida a Malthus (1766-1834), mas só obteve fundamento científico com Sadi Carnot e a sua segunda lei da termodinâmica (1824). Na verdade, o facto de as transformações da energia nas suas diferentes formas (calor, movimento, etc.) não serem totalmente reversíveis – é o fenómeno da entropia – não pode deixar de ter consequências numa economia que se baseia nestas transformações. Entre os pioneiros da aplicação das leis da termodinâmica à economia convém assinalar sobretudo Serguei Podolinsky, pensador da economia energética, que procurou conciliar o socialismo com a ecologia ([43]). No entanto, foi apenas nos anos 1970 que se desenvolveu a questão ecológica no seio da economia, sobretudo em resultado do trabalho

---

([42]) Talvez devêssemos mencionar também o grande filósofo americano John Dewey, discípulo de Henry David Thoreau. Vd. a análise de Philippe Chanial, "Une foi commune: démocratie, don et éducation chez John Dewey", em *Revue du MAUSS*, nº 28, La Découverte, segundo semestre de 2006.

([43]) Serguei Podolinsky (1850-1891), aristocrata ucraniano exilado em França, que tentou, em vão, sensibilizar Marx para a crítica ecológica.

do grande cientista e economista romeno Nicholas Georgescu-Roegen, que percebeu as implicações bioeconómicas da lei da entropia, já pressentidas nos anos 1940-1950 por Alfred Lotka, Erwin Schrödinger, Norbert Wiener e Léon Brillouin ([44]). Ao adoptar o modelo da mecânica clássica newtoniana, diz Nicholas Georgescu-Roegen, a economia excluía a irreversibilidade do tempo. Ignorava, portanto, a entropia, ou seja, a não reversibilidade das transformações da energia e da matéria. Deste modo, o lixo e a poluição, que, no entanto, são produtos da actividade económica, não fazem parte das funções de produção padrão.

Ao eliminar-se a Terra destas funções, rompia-se, por volta de 1880, o último laço com a natureza. Tendo desaparecido qualquer referência a um substrato biofísico, parece que a produção económica tal como é concebida pela maioria dos teóricos neoclássicos não se encontra confrontada com qualquer limite ecológico. Com que consequência? O desperdício inconsciente de recursos raros disponíveis e a subutilização do fluxo abundante da energia solar. Para Yves Cocher, "a teoria económica neoclássica contemporânea mascara com a elegância matemática a sua indiferença para com as leis fundamentais da biologia, da química e da física, e nomeadamente as da termodinâmica." ([45]) Tal teoria é um absurdo ecológico ([46]). Em suma, o processo econó-

([44]) Para a pequena história do decrescimento, vd. Jacques Grinevald, "Histoire d'un mot. Sur l'origine de l'emploi du mot décroissance", *Entropia*, nº1, Outubro de 2006.

([45]) Yves Cochet, *Pétrole apocalypse*, Paris, Fayard, 2005, p. 147.

([46]) "Uma pepita de ouro puro contém mais energia livre do que o mesmo número de átomos de ouro diluídos um a um na água do mar", *ibid.*, p. 153.

mico real, em contraste com o modelo teórico, não é um processo puramente mecânico e reversível; de natureza *entrópica*, desenrola-se numa biosfera que funciona num tempo orientado ([47]). Daqui resulta, segundo Nicholas Georgescu-Roegen, a impossibilidade do crescimento infinito num mundo finito e a necessidade de substituir a ciência económica tradicional por uma *bioeconomia*, ou seja, pensar a economia no interior da biosfera. Foi por isso que o termo "decrescimento" foi utilizado em francês para intitular uma das suas recolhas de ensaios ([48]).

Kenneth Boulding é um dos raríssimos economistas a retirar consequências de tal necessidade. Num artigo de 1973, opõe a economia do *cow-boy*, em que a maximização do consumo se baseia na predação e na pilhagem dos recursos naturais, à economia do cosmonauta, "para a qual a Terra se tornou um veículo espacial único, não possuindo recursos ilimitados, seja para dela os retirar, seja para nela vazar os seus poluentes" ([49]). Quem acreditar que é possível o crescimento infinito num mundo finito, conclui ele, ou é louco ou economista.

([47]) "Não podemos produzir frigoríficos, automóveis ou aviões a jacto 'melhores e maiores', escreve ainda Nicholas Georgescu-Roegen, sem produzir também detritos 'melhores e maiores'", *La Décroissance*, apresentação e tradução de Jacques Grinevald e Ivo Rens, Paris, Sang de la terre, 1994, p. 63.

([48]) *La Décroissance, op. cit.*

([49]) Citado por Denis Clerc, *Cosmopolitique*, nº 13, *op. cit.*, p. 17.

A adicção ao crescimento

> "Toda a actividade dos comerciantes e dos publicitários consiste em criar necessidades num mundo que se arruína com as suas produções. Isso exige uma taxa de rotação e de consumo dos produtos cada vez mais rápida e, portanto, uma fabricação de detritos cada vez maior e uma actividade de tratamento dos lixos cada vez mais importante."
>
> Bernard MARIS [50]

A nossa sociedade ligou o seu destino a uma organização fundada na acumulação ilimitada. Este sistema está condenado ao crescimento. Logo que o crescimento se atenua ou pára, entramos em crise e até em pânico. Deparamos com o "Acumulai! Acumulai! É a lei e os profetas!" do velho Marx. Esta necessidade faz do crescimento um "colete-de-forças". O emprego, o pagamento das reformas e a continuidade das despesas públicas (educação, segurança, justiça, cultura, transportes, saúde, etc.) supõem o aumento constante do produto interno bruto (PIB). "O único antídoto contra o desemprego permanente é o crescimento", martela Nicolas Baverez, "declinólogo" próximo de Sarkozy, a que se juntam nesta matéria muitos altermundialistas [51]. No fim de contas, o círculo virtuoso torna-se um círculo

---

[50] Bernard Maris, *Antimanuel d'économie*, tomo 2: *Les Cigales*, Paris, Bréal, p. 49.

[51] Em *La France qui tombe*, Paris, Perrin, 2003.

infernal... A vida do trabalhador reduz-se as mais das vezes à de um "biodigestor que metaboliza o salário com as mercadorias e as mercadorias com o salário, indo e vindo da fábrica para o hipermercado e do hipermercado para a fábrica" ([52]).

São necessários três ingredientes para que a sociedade de consumo possa prosseguir o seu circuito diabólico: a publicidade, que cria o desejo de consumir, o crédito, que lhe fornece os meios, e a obsolescência acelerada e programada dos produtos, que renova a sua necessidade. Estas três molas da sociedade do crescimento são autênticas "drogas".

A publicidade faz-nos desejar o que não possuímos e desprezar aquilo de que dispomos já. Ela cria e recria a insatisfação e a tensão do desejo frustrado. Segundo uma sondagem efectuada aos presidentes das maiores empresas americanas, 90% deles reconhecem que será impossível vender um novo produto sem uma campanha publicitária; 85% declaram que a publicidade persuade "frequentemente" as pessoas a adquirir coisas de que não têm necessidade; e 51% dizem que a publicidade persuade as pessoas a comprar coisas que, de facto, não desejam ([53]). Esqueçam os bens de primeira necessidade. Cada vez mais, a procura deixa de incidir em *bens de grande utilidade*, passando a sê-lo em *bens de grande futilidade* ([54]). Elemento essencial do círculo vicioso e suicidário do crescimento sem limites, a publicidade – o segundo orçamento mundial, após o armamento – é incrivelmente voraz: 103 mil milhões de

---

([52]) Paolo Cacciari, *Pensar la decrescita. Sostenibilità ed equità*, *op. it.*, p. 102.

([53]) André Gorz, *Capitalisme, socialisme, écologie*, Paris, Galilée, 1991, p. 170.

([54]) Paolo Cacciari, *op. cit.*, p. 29.

euros nos Estados Unidos, em 2003, e 15 mil milhões em França. Em 2004, as empresas francesas investiram 31,2 mil milhões de euros na sua actividade de comunicação (ou seja, 2% do PIB e três vezes o défice da segurança social francesa!). No conjunto do globo, são mais de 500 mil milhões em despesas anuais. É um montante colossal em poluição material, visual, auditiva, mental e espiritual! O sistema publicitário "apodera-se da rua, invade o espaço colectivo – desfigurando-o –, apropria-se de tudo o que tem vocação pública, das estradas, das cidades, dos meios de transporte, das gares, dos estádios, das praias e das festas" ([55]). São emissões "empacotadas", crianças manipuladas e perturbadas (porque os mais fracos são os primeiros a ser visados), florestas destruídas (por ano, 40 kg de papel nas nossas caixas de correio). No final, os consumidores pagam a conta, ou seja, 500 euros por pessoa anualmente.

Por seu lado, o uso da moeda e do crédito, necessário para levar a consumir os que não dispõem de rendimento suficiente e para permitir aos empresários investir sem disporem do capital necessário, é um poderoso "ditador" do crescimento no Norte, mas é-o também de

---

([55]) Jean-Paul Besset, *Comment ne plus être progressiste... sans devenir réactionnaire*, Paris, Fayard, p. 251. O autor acrescenta: "Inunda a noite tal como monopoliza o dia, canibaliza a Internet e coloniza os jornais, impondo a sua dependência financeira e levando alguns deles a reduzir-se a lamentáveis suportes. Possui na televisão a sua arma de destruição maciça, instaurando a ditadura das audiências sobre o principal veículo cultural da época. Mas não basta. A publicidade também toma de assalto o mundo privado, as caixas de correio, o correio electrónico, os telefones, os jogos de vídeo e os rádios das casas de banho. E eis que agora se apodera das próprias confidências [...]. A agressão expande-se em todas as direcções, as emboscadas são contínuas. Poluição mental, poluição visual, poluição sonora."

maneira mais destruidora e mais trágica no Sul ([56]). Esta lógica diabólica do dinheiro que exige sempre mais dinheiro não é senão a lógica do capital. Estamos perante aquilo a que Giorgio Ruffolo chama muito adequadamente o "terrorismo do juro composto" ([57]). Independentemente do nome com que o disfarcemos para o legitimar – rendimento do investimento (*return on equity*), valor para o accionista – e independentemente dos meios usados para o obter – reduzindo impiedosamente os custos (*cost killing, downsizing*), extorquindo uma legislação abusiva sobre a propriedade (patentes sobre o domínio da vida) ou edificando monopólios (Microsoft) – trata-se sempre do lucro, motor da economia de mercado e do capitalismo ao longo de todas as suas mutações. Esta busca do lucro a qualquer preço faz-se graças à expansão do par produção-consumo e da redução dos custos. Os novos heróis do nosso tempo são os *cost killers*, estes gestores que as empresas multinacionais atraem a preço de ouro, oferecendo-lhes grandes quantidades de *stock-options* e indemnizações por rescisão. Formados geralmente nas *business schools*, que mais apropriadamente deveriam ser chamadas "faculdades de guerra económica", estes estrategos estão empenhados em transferir ao máximo os custos para o exterior, de modo a fazê-los recair sobre os empregados, os subcontratados, os países do Sul, os seus clientes, os Estados e os serviços públicos, as gerações futuras e sobretudo a natureza, transformada ao mesmo tempo em fornecedora de recursos e em caixote do lixo.

([56]) Segundo a Reserva Federal, o endividamento das famílias americanas atingia em 2007 a cifra astronómica de 28,198 mil milhões de dólares, ou seja, 228% do PIB.

([57]) Giorgio Ruffolo, *Crescita e sviluppo: critica e prospettive*, Falconara/Macerata, 8-9 de Novembro de 2006.

Qualquer capitalista, qualquer financeiro, mas também qualquer *homo œconomicus* (e todos os somos) tende a ser um "criminoso" vulgar, mais ou menos cúmplice da banalidade económica do mal ([58]).

Desde 1950 que Victor Lebow, um analista do mercado americano, compreendera a lógica consumista. "A nossa economia, imensamente produtiva", escreveu ele, "exige que façamos do consumo o nosso estilo de vida [...]. Necessitamos que os nosso objectos se consumam, se queimem e sejam substituídos e lançados a uma taxa em aumento contínuo." ([59]) Com a obsolescência programada, a sociedade do crescimento tem em seu poder a arma absoluta do consumismo. No termo de períodos cada vez mais curtos, os aparelhos e os equipamentos, desde as lâmpadas eléctricas aos óculos, deixam de funcionar devido a uma avaria prevista dum dos seus elementos. É impossível encontrar uma peça de substituição ou um técnico que o repare. Ainda que pudéssemos deitar a mão a essa ave rara, a reparação acabaria por ser mais cara do que comprar um aparelho novo (pois são actualmente fabricados a preços reduzidos devido às miseráveis condições de trabalho do Sudeste Asiático). Deste modo, montanhas de computadores encontram-se lado a lado com televisores, frigoríficos, máquinas de lavar a loiça, leitores de DVD e telemóveis a atravancar caixotes e depósitos de lixo, com diversos riscos de poluição: 150 milhões de computadores são transportados anualmente para as lixeiras do Terceiro Mundo (500 navios por mês para a Nigéria!),

---

([58]) Vd. as nossas análises em *Justice sans limites. Le défi de l'éthique dans une économie mondialisée*, Paris, Fayard, 2003.

([59]) Relatório do Worldwatch Institute ("*State of the World*", 2000), citado por Piero Belavilacqua, *La terra è finita. Breve storia dell'ambiente*, Laterza, 2006, p. 80.

apesar de conterem metais pesados e tóxicos (mercúrio, níquel, cádmio, arsénico, chumbo, etc.) ([60]).

Desta forma, tornámo-nos "toxicodependentes" do crescimento. A toxicodependência não passa, aliás, duma metáfora. Ela é polimorfa. A bulimia consumidora dos viciados dos supermercados e dos grandes armazéns encontra paralelo no *workaholism*, a adicção ao trabalho por parte dos quadros, sustentado, neste caso, no excesso de consumo de antidepressivos e até, segundo inquéritos ingleses, no consumo de cocaína pelos altos quadros que pretendem "estar à altura". O hiperconsumo do indivíduo contemporâneo "turboconsumidor" culmina numa felicidade ferida ou paradoxal ([61]). Nunca antes os homens atingiram um tal grau de desalento. A indústria dos "bens de consolo" tenta em vão dar-lhe remédio ([62]). Nós, os Franceses, possuímos neste domínio um triste recorde: em 2005, comprámos 41 milhões de caixas de antidepressivos ([63]). Sem entrar nos pormenores destas "doenças provocadas pelo homem", não podemos deixar de concordar com o diagnóstico do professor Belpomme: "O crescimento tornou-se o cancro da humanidade ([64])."

([60]) Alain Gras, "Internet demande de la sueur", *La Décroissance*, nº 35, Dezembro de 2006.

([61]) Gilles Lipovetsky, *Le Bonheur paradoxal, essai sur la société de l'hyperconsommation*, Paris, Gallimard, 2006. [*A Felicidade Paradoxal, Ensaio sobre a Sociedade do Hiperconsumo*, Lisboa Edições 70, 2006]

([62]) Vd. Bertrand Leclair, *L'Industrie de la consolation*, Paris, Verticales, 1998.

([63]) Pascal Canfin, *L'Économie verte expliqué à ceux que n'y croient pas*, Paris, Les Petits Matins, 2006, p. 110.

([64]) Dominique Belpomme, *Avant qu'il ne soit trop tard*, *op. cit.*, p. 211.

A alga verde e o caracol

Acreditaremos nós verdadeiramente que é possível ter um crescimento infinito num planeta finito? É claro, felizmente, que a nossa Terra não é um sistema fechado: ela recebe a energia solar indispensável. No entanto, ainda que fosse consideravelmente mais bem utilizada, a quantidade recebida é limitada e não altera em nada a superfície disponível, nem o *stock* de matérias-primas. Porém, há economistas que afirmam: "Enquanto o Sol brilhar, não haverá limite 'científico' incontornável ao desenvolvimento da actividade económica na Terra, para além, naturalmente, das catástrofes ecológicas potencialmente desencadeadas pela própria actividade humana." Segue-se a conclusão: "A nossa única oportunidade de corrigir a tempo [as disfunções] é avançar ainda mais decididamente na compreensão e no domínio do nosso ambiente, ou seja, acentuar ainda mais a artificialização do mundo." ([65]) Só o crescimento irá permitir dalguma forma o luxo do decrescimento ([66])!

A *hubris*, a desmesura do senhor e dono da natureza, substituiu a velha sabedoria da inserção num ambiente explorado de maneira reflectida. O delírio quantitativo condena-nos a cair no insustentável, sob o efeito do "terrorismo dos juros compostos". É o que poderíamos chamar o teorema da alga verde ([67]).

Um dia, encorajada pelo uso excessivo de adubos químicos pelos agricultores ribeirinhos, uma alga implan-

---

([65]) Guillaume Duval (de *Alternatives économiques*), em "L'impasse de la décroissance", *Cosmopolitiques*, nº 13, *op. cit.*, pp. 38 e 41.

([66]) Atacámos este fantasma fundado no imaterial em *Le Pari de la décroissance*, *op. cit.*, pp. 46-53.

([67]) Variante do paradoxo do nenúfar, de Albert Jacquart (Albert Jacquart, *L'Équation du nénuphar*, Paris, Calman-Lévy, 1998).

tou-se num grande lago. Embora o seu crescimento anual fosse rápido, numa progressão geométrica de razão 2, ninguém se preocupou. Na verdade, se a duplicação fosse anual, a superfície do lago ficaria coberta dentro de 30 anos. No fim do 24.º ano, apenas 3% da sua superfície estaria colonizada! Certamente começaríamos a preocupar-nos quando tivesse colonizado metade da superfície, fazendo surgir então a ameaça da eutrofização, isto é, da asfixia da vida subaquática. Só que, embora tivesse demorado várias décadas para atingir este estado, bastará apenas um ano para provocar a morte irremediável do ecossistema lacustre.

Ora, nós atingimos precisamente este momento em que a alga verde colonizou metade do nosso lago. Se não agirmos rápida e decididamente, é a morte por asfixia o que nos espera em breve. Em concordância com a razão geométrica que preside ao crescimento económico, o homem ocidental renunciou a toda a ponderação. Com um aumento do produto nacional bruto (PNB) *per capita* de 3,5% ao ano (progressão média em França entre 1949 e 1959), chegamos a uma multiplicação por 31 num século e por 961 em dois séculos! Com uma taxa de crescimento de 10%, que é a da China actual, obtém-se uma multiplicação por 736 num século! Com uma taxa de crescimento de 3%, multiplica-se o PIB por 20 ao fim dum século, por 400 em dois e por 8000 em três ([68])! Se o crescimento provocasse automaticamente o bem-estar, deveríamos viver hoje num verdadeiro paraíso, tendo começado em... Mas, pelo contrário, estamos ameaçados com o inferno.

Nestas condições, seria urgente redescobrir a sabedoria do caracol. Este não só nos ensina a lentidão

([68]) Jean-Pierre Tertrais, *Du développement [...]*, *op. cit.*, p. 14.

necessária, mas dá-nos uma lição ainda mais indispensável. Como Ivan Illich nos explica, "O caracol constrói a arquitectura delicada da sua casca acrescentando espiras cada vez maiores uma a seguir à outra, mas depois pára bruscamente e dá início a enrolamentos que passam a ser decrescentes. É que uma única espira daria à casca uma dimensão 16 vezes maior. Em vez de contribuir para o bem-estar do animal, este passaria a ficar sobrecarregado. Portanto, qualquer aumento da sua produtividade serviria apenas como paliativo para as dificuldades criadas pelo aumento da casca para além dos limites fixados pela sua finalidade. Ultrapassado o ponto limite do alargamento das espiras, os problemas do sobrecrescimento vão-se multiplicar em progressão geométrica, ao passo que a capacidade biológica do caracol não pode aumentar, quanto muito, senão em progressão aritmética." ([69]) Este afastamento do caracol em relação à progressão geométrica, que, no entanto, abraçara durante algum tempo, aponta-nos o caminho para pensar uma sociedade do "decrescimento", se possível serena e convivial ([70]).

([69]) Ivan Illich, *Le Genre vernaculaire*, em *Œuvres complètes*, tomo 2, Paris, Fayard, 2005, p. 292.

([70]) Em teoria, podemos fazer funcionar a razão geométrica no outro sentido. "Um decrescimento de 1% ao ano economiza 25% (da produção) em 29 anos e 50% em 69 anos. Um decrescimento de 2% por ano economiza 50% em 34 anos, 64% em 50 anos e 87% em 100 anos" (Paul Ariès, *op. cit.*, p. 90). Como é evidente, este raciocínio é válido, sobretudo de maneira teórica, para refutar os nossos adversários, que nos acusam de pretender fazê-los regressar à Idade da Pedra. O decrescimento não é de modo algum uma inversão mecânica do crescimento, mas a construção duma sociedade autónoma, certamente mais sóbria e sobretudo mais equilibrada.

Uma pegada ecológica insustentável

O nosso *supercrescimento* económico choca com os limites da finitude da biosfera. A capacidade regeneradora da Terra não acompanha a procura: o homem transforma os seus recursos em lixo mais rapidamente do que a natureza pode transformar este lixo em novos recursos ([71]).

Se tomarmos como índice do "peso" ambiental do nosso modo de vida a "pegada" ecológica deste na superfície da Terra ou no espaço bioprodutivo necessário, obtêm-se resultados insustentáveis, quer do ponto de vista da equidade, quer dos direitos de extracção de recursos da natureza, quer ainda do ponto de vista da capacidade de carga da biosfera. O espaço disponível na Terra é limitado. Totaliza 51 mil milhões de hectares. O espaço "bioprodutivo", ou seja, o espaço útil para a nossa produção, é apenas uma fracção do total: 12 mil milhões de hectares ([72]). Dividido pela população mundial actual, o resultado é aproximadamente 1,8 hectares por pessoa. Tendo em consideração as necessidades de materiais e energia, as superfícies necessárias para absorver detritos e desperdícios da produção e do consumo (para cada litro de gasolina queimada temos necessidade de cinco metros quadrados de floresta durante um ano para que seja absorvido o respectivo CO_2!) e adicionando o impacto do *habitat* e das infra-estruturas necessárias, os investigadores do instituto

---

([71]) WWF, relatório "Planète vivante 2006", p. 2

([72]) Um hectare de pastagens permanentes, por exemplo, é considerado equivalente a 0,48 ha de espaço bioprodutivo e no caso duma zona de pesca a 0,36 ha (Mathis Wackernagel, "Il nostro planeta si sta esaurendo", em *Economia e Ambiente. La sfida del terzo millenio*, EMI, Bolonha, 2005).

californiano Redifining Progress e da World Wild Foundation (WWF) calcularam que o espaço bioprodutivo consumido por uma pessoa era em média de 2,2 hectares. O ser humano já abandonou, portanto, o rumo dum modo de civilização duradouro, que teria de se limitar a 1,8 hectares – admitindo que a população actual se manteria estável. Em suma: vivemos já a crédito. Para além disso, esta pegada média ignora disparidades enormes. Um cidadão dos Estados Unidos consome 9,6 hectares, um canadiano 7,2, um europeu 4,5, um francês 5,26 e um italiano 3,8. Ainda que se verifiquem diferenças assinaláveis de espaço bioprodutivo disponível em cada país, estamos muito longe da igualdade planetária ([73]). Cada americano consome cerca de 90 toneladas de materiais naturais diversos, um alemão 80 e um italiano 50 (137 kg por dia) ([74]). Ou seja, a humanidade consome já cerca de 30% mais do que a capacidade de regeneração da biosfera. Se todos vivessem como nós, Franceses, seriam necessários três planetas, e seis para nos equipararmos aos nossos amigos americanos.

Como é isto possível? Graças a dois fenómenos. Em primeiro lugar, tal como sucede com os filhos pródigos, não nos contentamos com viver com o nosso rendimento, mas vivemos do património. Consumimos nalgumas décadas o que o planeta levou milhões de anos a

---

([73]) Gianfranco Bologna (org.), *Itália capace di futuro*, Bolonha, WWF-EMI, 2001, pp. 86-88.

([74]) Paolo Cacciari, *Pensare la decrescita. Sostenibilità ed equità*, Cantieri Carta/edizioni Intra Moentia, 2006, p. 27. "A necessidade total de materiais por habitante nos Estados Unidos é actualmente de 80 toneladas por ano. Ou [...] para gerar 100 dólares de rendimento, são necessários cerca de 300 kg de recursos naturais" (Yves Cochet e Agnès Sinai, *Sauver la terre*, *op. cit.*, p. 38).

fabricar. O nosso consumo anual de carvão e de petróleo equivale a uma biomassa acumulada sob a crusta terrestre em 100 000 anos de fotossíntese do Sol ([75]). Em segundo lugar, nós, os do Norte, beneficiamos da assistência técnica maciça dos países do Sul. A maioria dos países de África consome menos de 0,2 ha de espaço bioprodutivo, ou seja, um décimo do planeta, embora forneçam os alimentos do nosso gado. É assim necessário destruir um hectare de floresta para produzir uma tonelada de farelo de soja. Se daqui até ao ano 2050 não mudarmos o curso dos acontecimentos, a dívida ecológica, quer dizer, a soma dos défices acumulados, corresponderá a 34 anos de produtividade biológica de todo o planeta ([76]). Ainda que os africanos apertem ainda mais o cinto, não poderemos encontrar estes 34 planetas para pagar a dívida!

A opção do nosso sistema por uma trajectória errada remonta ao século XVIII, mas a dívida ecológica é recente. Em termos mundiais, passou de 70% a 120% do planeta entre 1960 e 1999 ([77]).

Para além disso, para manter a biodiversidade é necessário poupar uma parte da capacidade produtiva da biosfera, a fim de garantir a sobrevivência das outras espécies, sobretudo as selvagens. Estas reservas de biosfera devem ser distribuídas equitativamente entre os diferentes domínios biogeográficos e os biomas princi-

---

([75]) Segundo o cálculo do historiador alemão R. Peter Sieferle, em Piero Bevilacqua, *Demetra e Clio: uomini e ambiente nella storia*, Roma, Donzelli, 2001, p. 112. Um litro de gasolina provém de 23 toneladas de matéria orgânica transformada ao longo dum período de um milhão de anos! (Dominique Belpomme, *op. cit.*, p. 229).

([76]) WWF, *op. cit.*, p. 22.

([77]) "A pegada ecológica das pastagens da humanidade aumentou 80% entre 1961 e 1999", Yves Cochet e Agnès Sinai, *op. cit.*, p. 36.

pais ([78]). Tendo sido avaliado em 10% do espaço bioprodutivo ([79]) o limiar mínimo desta parte a preservar, seria razoável decretar desde já uma moratória para reservar o que ainda está disponível para as espécies animais e vegetais em questão.

Uma falsa solução: reduzir a população

Para resolver a equação da sustentabilidade ecológica, não seria suficiente reduzir o denominador até recuperarmos a pegada correcta? Os geopolíticos conservadores preconizam esta solução preguiçosa. Num memorando datado de 10 de Dezembro de 1974, intitulado "Incidências do Crescimento da População Mundial na Segurança dos Estados Unidos e nos seus Interesses fora do Continente", Henry Kissinger escrevia: "Para perpetuar a hegemonia americana no mundo e garantir aos Americanos o acesso livre aos minerais estratégicos do conjunto do planeta, é necessário conter, e até reduzir, a população dos 13 países do Terceiro Mundo (Índia, Bangladesh, Nigéria, etc.) cujo peso demográfico basta para os condenar, digamos assim, a desempenhar um papel de primeiro plano na política internacional." Para alcançar este objectivo, é necessário levar os dirigentes do Terceiro Mundo a aceitar medidas de controlo de nascimentos, graças a uma incitação política (com o cuidado de que tais pressões não

---

([78]) WWF, relatório "Planète vivante 2006", p. 3.

([79]) Para Jean-Paul Besset, "Partilhar o espaço com as outras espécies, deixando-lhes, por exemplo, os últimos 20% do espaço terrestre de que a humanidade ainda não se apropriou, passa pela interrupção do carácter sistemático dos processos de planeamento, de infra-estruturas e de urbanização", *op. cit.*, p. 318.

surjam como uma "forma de imperialismo económico ou racial"!!!). Se este plano se revelasse ineficaz, seria necessário recorrer a métodos mais coercivos. Este era também o parecer do Dr. M. King, um dos responsáveis das estratégias demográficas: "Tentem o planeamento familiar, mas se tal não for eficaz, deixem morrer os pobres, porque constituem uma ameaça ecológica"!!! Já nos anos 1950, um autor americano, William Vogt, preconizava uma redução drástica da população: "Uma guerra bacteriológica em grande escala seria um meio eficaz, se fosse energicamente conduzida, para devolver à natureza as suas florestas e as suas pastagens." ([80]) A "solução final" do problema ecológico pela redução demográfica apoiar-se-ia nalgumas provas de bom senso do tipo um planeta finito é incompatível com uma população infinita.

Segundo David Nicholson-Lord, que retoma a questão, "a verdade, é que os modos de vida mais ecológicos podem certamente fazer a diferença, mas uma vida com um impacto nulo é uma quimera e o número de habitantes tem uma enorme importância. Os estudos sobre as pegadas ecológicas conduzidos por Andrew Ferguson, do Optimum Population Trust, mostram que se os 6 mil milhões de habitantes tivessem um modo de vida ocidental modesto, baseado totalmente em energias renováveis, ainda seriam necessários 1,8 planetas." ([81]) Nos anos 1970, em *La Surchauffe de la Croissance*, François Meyer fazia soar o sinal de alarme. Segundo ele, a aceleração demográfica de forma exponencial é um factor importante que nos afasta de qualquer solução

---

([80]) Jean-Pierre Tertrais, *Du Développement [...], op. cit.*, p. 35.

([81]) "Sommes-nous trop nombreux?", *L'Écologiste*, nº 20, Setembro-Novembro, 2006, p. 20.

logística capaz de nos fazer regressar a um certo equilíbrio ([82]). Com base em 135 milhões de km^2 de terras emersas, fazia o cálculo seguinte: em 1650, a superfície teoricamente disponível por indivíduo era de 0,28 Km^2, em 1970, já não era senão 0,04 km^2, ou seja, sete vezes menos, e, em 2070, muito provavelmente, estará reduzida a 0,011 km^2, isto é, quatro vezes menos, o que significa um espaço bioprodutivo insuficiente para a sobrevivência.

Pelo contrário, numa perspectiva tão mecânica como esta, mas optimista, sublinha que num período em que a população do planeta se multiplicou por seis, passando em dois séculos e meio de 1 para 6 mil milhões, as forças produtivas foram multiplicadas várias centenas de vezes. Portanto, em teoria, cada um dos 6 mil milhões de indivíduos está talvez estatisticamente 100 vezes mais rico do que os seus antepassados. Portanto, não há razão para preocupações!

Quantos seremos em 2050, data simbólica (e arbitrária) da hora da verdade, em que se acumularão os efeitos da mudança climática, do fim do petróleo (e mesmo dos recursos haliêuticos ([83])) e das crises económicas e financeiras previsíveis? Entre 12 e 15 mil milhões, como previa o primeiro relatório do Clube de Roma, há 35 anos?

([82]) *La Surchauffe de la croissance*, Paris, Fayard, 1974 (vd. também *Problématique de l'évolution*, Paris, PUF, 1954). Em *Le Théorème du nénuphar*, Albert Jacquart também chama a atenção para o facto de, com uma taxa de crescimento constante de 0,5% ao ano, a população humana, que era de cerca de 250 milhões de indivíduos no início da nossa era, seria de 5 mil milhões actualmente.

([83]) Segundo um relatório da FAO, se a utilização dos recursos continuar ao ritmo actual, os oceanos, considerando todas as espécies, estarão esgotados em 2048 (Boris Worm *et al.*, "Impacts of Biodiversity Loss on Ocean Ecosystem Services", *Science*, Novembro de 2006, vol. 314, pp. 787-790).

9 mil milhões, de acordo com as análises dos demógrafos, baseando-se na "transição" demográfica? Muito menos, se a esterilidade da espécie, devido ao efeito das substâncias reprotóxicas, continuar a aumentar, encaminhando-se a humanidade para a extinção? É difícil ser profeta. Segundo o professor Belpomme: "Há cinco cenários possíveis para o nosso desaparecimento: o suicídio pela violência, como, por exemplo, uma guerra atómica [...], o aparecimento de doenças extremamente graves, como uma pandemia infecciosa, ou a esterilidade que esteja na origem dum declínio demográfico irreversível, o esgotamento dos recursos naturais [...], a destruição da biodiversidade [...], e, finalmente, modificações físico-químicas extremas do nosso ambiente inerte, como o desaparecimento do ozono estratosférico e o agravamento do efeito de estufa." ([84])

Todavia, estas abordagens escamoteiam o que é o seu primeiro problema, a lógica de desmesura do nosso sistema económico. Uma vez travada esta e realizada a indispensável mudança de paradigma, a questão demográfica pode ser abordada e resolvida com maior serenidade. As restrições são elásticas. O excesso de consumo de carne por parte dos ricos, fonte de muitos problemas de saúde e ecológicos, requer que se utilizem 33% das terras aráveis do planeta (para além dos 30% de terras emersas que constituem pastagens naturais) ([85]) na cultura de forragens. Uma diminuição relativa da criação de gado, com melhoria do tratamento deste, permitiria alimentar uma população mais numerosa e de maneira mais saudável, para além de diminuir

---

([84]) Dominique Belpomme, *Avant qu'il ne soit trop tard*, *op. cit.*, p. 194.

([85]) Thierry Paquot, *Petit manifeste pour une écologie existentielle*, Paris, Bourin éditeur, 2007, p. 13.

as emissões de dióxido de carbono ([86]). Podemos admitir, com Jean-Pierre Tertrais, que "o problema que se coloca já não é, portanto, de nos interrogarmos sobre o aspecto matemático das variações da espécie humana, porque, no século actual, esta deve atingir imperiosamente a estabilização da sua população. A questão central é saber se o movimento será imposto pelos acontecimentos, por políticas autoritárias, por métodos baseados na coerção, e até na barbárie, ou se resultará duma escolha voluntária, recusando que o desejo de procriar se torne programável por uma pretensa elite iluminada." ([87]) Talvez a palavra final deva pertencer a um especialista dos nossos primos sábios, os bonobos: "O problema resultante duma demografia mundial galopante", escreve Frans de Waal, "não consiste tanto em saber se somos ou não capazes de gerir o sobrepovoamento, mas se saberemos repartir os recursos com honestidade e equidade." ([88]) É este o desafio do decrescimento.

A corrupção política do crescimento

Durante os 30 Gloriosos, não era possível denunciar os malefícios do crescimento e do desenvolvimento senão no Sul, onde eram mais visíveis, porque provocavam desculturação, homogeneização e pauperização. Embora no Norte a pauperização no sentido económico fosse contrária às evidências vividas durante a era

---

([86]) Recordemos que a criação de gado é responsável por 37% das emissões de metano resultantes de actividades humanas, ou seja, em equivalente de CO_2, mais do que o sector dos transportes.

([87]) Jean-Pierre Tertrais: *Du développement [...], op. cit.*, p. 37.

([88]) Frans de Waal, *Le singe et nous*, Paris, Fayard, 2006, p. 213.

do consumismo, no entanto a desculturação e a despolitização avançavam a grande velocidade. Alguns autores analisavam e denunciavam este fenómeno de maneira mais ou menos competente, como Pier Paolo Pasolini e Guy Debord. A destruição das cidades em tempo de paz, com a "periferização" das novas classes médias e os imigrantes (habitando em pequenas construções separadas, em grandes conjuntos ou em casas de renda económica) e o aumento do poder da grande distribuição (supermercados e hipermercados), do automóvel e da televisão minavam sub-repticiamente a cidadania, fabricando um "segundo povo" quase invisível e sem palavra, alegremente manipulado por um poder mediático destituído de escrúpulos e com ligações às empresas multinacionais. A mundialização, ao favorecer mudanças de habitação em larga escala e o desmantelamento das redes de protecção social, completou a destruição da cultura popular. Estas evoluções abriram caminho a uma classe política populista, corrompida e até criminosa. Na Itália, o fenómeno "Berlusconi" é um exemplo caricatural. Mas a *berlusconização*, com ou sem o "Cavaliere", prossegue com as suas depredações por toda a Europa e mesmo para além dela. O fenómeno das "maiorias satisfeitas", objecto da análise brilhante de John Kenneth Galbraith ([89]), que se manifesta na transformação da solidariedade em egoísmo individual por parte das classes médias e pela orientação do Estados ocidentais em direcção à contra-revolução neoliberal que desmantela o Estado-providência, permitiu a transição, ao mesmo tempo que mascarava o fenómeno. É por esta razão que o projecto do decrescimento passa necessariamente pela refundação do político.

([89]) John Kenneth Galbraith, *Le Nouvel État Industriel* (1967).

II

O DECRESCIMENTO: UMA UTOPIA CONCRETA

> "Para viver melhor, é preciso agora produzir e consumir doutra forma, fazer mais e melhor com menos, começando por eliminar as fontes de desperdício (por exemplo: as embalagens perdidas, o mau isolamento térmico, a preponderância do transporte por estrada, etc.) e aumentando a duração dos produtos."
>
> André GORZ (90)

A revolução do decrescimento

Hoje em dia, mais do que nunca, o desenvolvimento sacrifica as populações e o seu bem-estar concreto e local no altar de um bem-estar abstracto e desterritorializado. É claro que este sacrifício em honra dum povo mítico e desencarnado é feito para benefício dos "empresários do desenvolvimento" (as empresas multinacionais, os responsáveis políticos, os tecnocratas e as máfias). O crescimento actual só é rentável na condição de fazer recair o seu peso e o seu preço sobre a natureza, as gerações futuras, a saúde dos consumidores, as

(90) *Capitalisme, socialisme, écologie*, *op. cit.*, p. 194.

condições de trabalho dos assalariados e, ainda mais, sobre os países do Sul. É por isso que se torna necessária uma ruptura. Todos, ou quase todos, concordam, mas ninguém ousa dar o primeiro passo. Todos os regimes modernos foram produtivistas: repúblicas, ditaduras e sistemas totalitários, quer os seus governos fossem de direita ou de esquerda, liberais, socialistas, populistas, sociais-liberais, sociais-democratas, centristas, radicais ou comunistas. Todos consideraram o crescimento uma pedra angular do seu sistema inquestionável. A indispensável mudança de objectivo não se inclui entre aquelas que uma mera mudança eleitoral possa resolver, instalando um novo governo ou votando a favor duma nova maioria. O que é necessário é muito mais radical: nem mais nem menos do que uma revolução cultural, que deverá desembocar numa refundação da dimensão política.

Tentar esboçar os contornos do que poderia ser uma sociedade do não crescimento é um passo prévio a qualquer programa de acção política que respeite as exigências ecológicas actuais.

O projecto do decrescimento é, portanto, uma utopia, quer dizer, uma fonte de esperança e de sonho. No entanto, longe de se refugiar no irreal, tenta explorar as possibilidades objectivas da sua construção. Daí o qualificativo de "utopia concreta", no sentido positivo que lhe deu Ernst Bloch (91). "Sem a hipótese de ser possível um outro mundo, não há política, apenas gestão administrativa dos homens e das coisas." (92) O decresci-

---

(91) Ernst Bloch, *Le principe Espérance*, Paris, Gallimard, 1976 (Frankfurt, 1953).

(92) Geneviève Decrop, "Redonner ses chances à l'utopie", *Utopia*, nº 1, p. 81.

mento é, portanto, um projecto político no sentido forte do termo, o da construção, tanto no Norte como no Sul, de sociedades conviviais autónomas e económicas, sem, contudo, ser um programa no sentido eleitoral do termo: "Não se insere no espaço da política politiqueira, mas visa devolver toda a dignidade ao domínio político. Supõe um projecto fundado numa análise realista da situação. Contudo, este não é imediatamente traduzível em objectivos susceptíveis de realização. O que pretende é a coerência teórica do conjunto. Embora seja cómodo para a exposição distinguir etapas, estas não devem ser interpretadas como se fizessem parte duma agenda. O calendário surgirá depois. É deste modo que é necessário compreender o círculo dos oito "R" e as perspectivas que dele decorrem. Iremos passar em revista de forma breve as etapas deste processo de transformação (diferentes das fases concretas, que serão examinadas na parte III) ([93]) e demorar-nos-emos nalgumas delas, por ocuparem um lugar "estratégico". Na prática – felizmente – estas etapas mudam e interagem continuamente, o que permite perspectivar as mudanças de forma progressiva, manejando as transições que o esquema teórico não tem em consideração.

O círculo virtuoso do decrescimento sereno

Nos anos 1960, os professores de Economia e os tecnocratas falavam enfaticamente dos círculos virtuosos do crescimento. A esta época, qualificada de

([93]) Estes oito "R" são amplamente desenvolvidos em *Le Pari de la décroissance*, para onde remetemos os leitores interessados.

"30 Gloriosos", sucedeu aquela que os economistas críticos designam como "30 Lastimáveis". Na verdade, feito o balanço dos danos provocados à natureza e à humanidade, os próprios 30 Gloriosos também foram, como diz o "jardineiro planetário" Gilles Clément, "30 Desastrosos" ([94]). Em muitos aspectos, os círculos virtuosos revelaram-se afinal sobretudo perversos. A desregulação climática que hoje nos ameaça é fruto das nossas "loucuras" de ontem. Pelo contrário, a profunda transformação requerida pela construção duma sociedade autónoma de decrescimento pode ser representada pela articulação sistemática e ambiciosa de oito mudanças interdependentes, mas que se reforçam entre si. Podemos sintetizar o conjunto num "círculo virtuoso" com oito "R": reavaliar, reconceptualizar, restruturar, redistribuir, relocalizar, reduzir, reutilizar e reciclar. Estes oito objectivos interdependentes são susceptíveis de desencadear um processo de decrescimento sereno, convivial e sustentável ([95]).

Reavaliar. Vivemos em sociedades que se baseiam em velhos valores "burgueses": a honestidade, o serviço do Estado, a transmissão do saber, o trabalho bem feito, etc. Todavia, "estes valores, como é notório, tornaram-se irrisórios, [...] apenas conta a quantidade de dinheiro que

---

([94]) Gilles Clément e Louisa Jones, *Une écologie humaniste,* Paris, Aubanel, 2006.

([95]) Poderíamos prolongar a lista dos "R", porque em cada intervenção, ou quase, encontramos alguém disposto a propor mais um, que julga essencial, tal como radicalizar, reconverter, redefinir, reinventar (a democracia), redimensionar, remodelar, reabilitar, retardar, relaxar(-se), restituir, repor, reparar, reembolsar, renunciar, repensar, etc., mas todos estes "R" estão já mais ou menos incluídos nos oito primeiros.

se tiver embolsado, pouco importando como, ou o número de vezes que se apareceu na televisão" ([96]). Podemos dizê-lo doutro modo, de acordo com Dominique Belpomme: a "parte mais baixa" do sistema revela "uma megalomania individualista, uma recusa da moral, um gosto pelo conforto, um egoísmo" ([97])... De imediato reconhecemos os valores a que se deve dar prioridade relativamente aos valores (ou ausência de valores) dominantes actuais. O altruísmo, a cooperação, o prazer do lazer e o *ethos* do jogo, a importância da vida social, o local, a autonomia, o gosto pela obra bela, o razoável e o relacional, por exemplo, deveriam substituir, respectivamente, o egoísmo, a competição desenfreada, a obsessão pelo trabalho, o consumo ilimitado, o global, a heteronomia, a eficiência produtivista, o racional e o material. "Preocupação com a verdade, sentido de justiça, responsabilidade, respeito pela democracia, elogio da diferença, dever de solidariedade, vida do espírito: eis os valores que é necessário reconquistar custe o que custar, porque constituem a base do nosso desenvolvimento e a nossa salvaguarda para o futuro." ([98])

O filósofo John Dewey denunciava já a "cultura pecuniária" e acusava a instituição da escola de entregar a criança ao mundo da competição, em vez de ser um

---

([96]) Cornelius Castoriadis, *Le Monde de l'insignifiance, Les Carrefours du labyrinthe IV*, Paris, Le Seuil, 1996, p. 68.

([97]) *Ibid.*, p. 220. Ele acrescenta: "Que observamos nós no mundo? A mentira, uma justiça a duas velocidades, a procura do poder pelo poder e do dinheiro pelo dinheiro, a exclusão dos pobres, a calúnia, a cupidez e a corrupção, a democracia desrespeitada, a dessacralização dos valores e, por outro lado, a sacralização dos meios que se tornam fins em si, a negação da cultura, as guerras, a tortura e, por último, a violação dos direitos."

([98]) *Ibid.*, p. 221.

laboratório de cidadania ([99]). Que teria ele dito se tivesse conhecido a sociedade de comunicação actual com os seus excessos de manipulação através da publicidade? "Tal como vemos mal como uma 'sociedade de consumo' poderá continuar a existir sendo composta por cidadãos de costumes ascéticos e levando uma vida monástica", escreve François Brune, "também não conseguimos imaginar uma sociedade de decrescimento que funcione com indivíduos que, até na profundidade reflexa das suas pulsões espontâneas, continuam a ser moldados pelo imaginário e pelo 'modo de vida' da 'sociedade de consumo'." ([100])

Convém sobretudo passar da crença no domínio da natureza à busca duma inserção harmoniosa, substituir a atitude do predador pela do jardineiro... Para os cristãos ecologistas, é este o 11º mandamento: "Respeitar a natureza como criação divina." ([101]) O fantasma técnico e prometeico da artificialização do universo é uma forma de recusa do mundo e do ser ([102]).

([99]) Philippe Chanial, "Une fois commune: démocratie, don et éducation chez John Dewey", em *Revue du MAUSS*, nº 28, La Découverte, segundo semestre de 2006.

([100]) François Brune, "La frugalité heureuse: une utopie?", *Entropia*, nº 1, p. 73.

([101]) Sobre a Eleventh Commandment Fellowship (a Sociedade do 11º Mandamento), desenvolvida pelo teólogo Paul F. Knitter, podemos referir o trabalho de Vittorio Lanternari, *Ecoantropologia. Dall'ingerenza ecologica alla svolta etico-culturale*, Bari, Edizione Dedalo, 2003. Não é por acaso que Knitter é também um adepto do "relativismo religioso" e do diálogo intercultural e, por todas estas razões, é atacado pelos "teocons" (teólogos conservadores), que vão de vento em popa após a eleição do cardeal Ratzinger como novo pontífice romano.

([102]) Vd. a bela tese de Camilla Narboni, *Sull'incuria della cosa: considerazione filosofiche sui rifiuti e sul mondo saccheggiato*, Università di Pavia, 2006.

Reconceptualizar. A mudança dos valores implica outro olhar sobre o mundo e, portanto, outra maneira de apreender a realidade. Re-conceptualizar, ou redefinir/redimensionar, impõe-se, por exemplo, no caso dos conceitos de riqueza e de pobreza ([103]), mas impõe-se igualmente no caso do par infernal, fundador do imaginário económico, da raridade/abundância, que é urgente desconstruir. Como bem mostraram Ivan Illich e Jean-Pierre Dupuy, a economia transforma a abundância natural em raridade com a criação artificial da escassez e da necessidade através da apropriação da natureza e da sua mercantilização ([104]). Última ilustração do fenómeno, após a privatização da água: a apropriação do domínio vivo, em particular com os OGM. Os agricultores são assim destituídos da fecundidade natural das plantas em benefício das empresas agro-alimentares. "A imaginação do mercado", como diz Bernard Maris, "é incomensurável. Como se fosse um cuco, instala-se em tudo o que é gratuito. Exclui estes e aqueles, estampilha a gratuitidade, impõe-lhe logótipos, marcas, portagens e depois revende-a." ([105]) Esta raridade pos-

---

([103]) Enquanto a deslegitimação da sobriedade tradicional prossegue nas sociedades do Sul com a mundialização e a destruição das solidariedades orgânicas, e a miséria faz a sua aparição. Vd. Philippe Tanguy, "Pauvreté et cohésion social en Mauritanie. Construction social et fonction d'une catégorie stigmatisante: la pauvreté", revista *Maghreb-Machreck*, nº 190, 2007.

Vd. também Patrick Viveret, *Reconsidérer la richesse*, L'Aube/Nord, 2003; Majid Rahnema, *Quand la misère chasse la pauvreté*, Fayard/Actes Sud, 2003; Arnaud Berthoud, "La richesse et ses deux types", *Revue du MAUSS*, nº 21, 1º semestre de 2003.

([104]) Paul Dumouchel e Jean-Pierre Dupuy, *L'Enfer des choses*, Paris, Le Seuil, 1979; Jean-Pierre Dupuy e Jean Robert, *La Trahison de l'opulence*, Paris, PUF, 1976.

([105]) Bernard Maris, *Antimanuel [...], op. cit.*, p. 48.

tulada pelos economistas torna-se uma profecia que se cumpre a si mesma, não podendo nós abandonar a economia sem enfrentar o desafio do desaparecimento dos recursos naturais.

Reestruturar. "Reestruturar" significa adaptar o aparelho de produção e as relações sociais em função da mudança dos valores. Esta reestruturação será tanto mais radical quanto o carácter sistemático dos valores dominantes tiver sido abalado. O que está aqui em questão é a orientação para uma sociedade de decrescimento. Isto levanta a questão concreta do abandono do capitalismo, que examinaremos em devido tempo, e a da reconversão dum aparelho produtivo que terá de se adaptar à mudança de paradigma ([106]).

Redistribuir. A reestruturação das relações sociais é *ipso facto* uma redistribuição. Esta compreende a repartição das riquezas e do acesso ao património natural, quer entre o Norte e o Sul, quer no interior de cada sociedade entre as classes, as gerações e os indivíduos.

A redistribuição terá um duplo efeito positivo sobre a redução do consumo. Directamente, ao reduzir o poder e os meios da "classe consumidora mundial" e

---

([106]) E, por exemplo, a reconversão das fábricas de automóveis para produzir aparelhos de recuperação de energia por co-geração. Com efeito, para construir um microgerador basta um motor de automóvel acoplado a um alternador e instalado numa armação metálica. As competências, as tecnologias e até as instalações necessárias são praticamente idênticas. Ora, a co-geração difusa permite passar o rendimento energético de cerca de 40% para 94%! Economiza assim, por um lado, no consumo de energia fóssil e, por outro, na emissão de CO_2. (Vd. Maurizio Pallante, *Un futuro senza luce?*, Roma, Editori Riuniti, 2004).

sobretudo os da oligarquia dos grandes predadores. Indirectamente, ao diminuir o apelo ao consumo ostentatório. Com efeito, segundo uma análise clássica de Thornstein Veblen, o desejo de consumir fica a dever-se menos à existência duma necessidade do que ao desejo de afirmar o estatuto próprio, ao imitar o modelo dos que estão imediatamente acima de nós ([107]).

As relações de redistribuição Norte/Sul levantam enormes problemas. Contraímos uma "dívida ecológica" ([108]) enorme para com o Sul. Começar a *reembolsá-la*, reduzindo a nossa predação, seria um acto de justiça. Como veremos, não se trata tanto de dar mais, mas de sacar menos ([109]).

A pegada ecológica (que se pode mesmo pormenorizar por tipo de actividade ou de consumo) é um bom instrumento para determinar os "direitos de saque" de cada um. Podemos imaginar "mercados" destes direitos a diversos níveis para favorecer as trocas das rações e das licenças de consumo. Não se trata, evidentemente, de *mercadejar* ainda mais a natureza, mas de introduzir flexibilidade no modo de gestão dos seus limites. O desafio, aqui como noutros domínios, encontra-se na passagem das palavras aos actos.

([107]) Thornstein Veblen, *Théorie de la classe de loisir*, Paris, Gallimard, col. "Tel", 1970. Hervé Kempf regressa muito apropriadamente a esta análise em *Comment les riches détruisent la planète*, Paris, Le Seuil, 2007.

([108]) Attac, *Pauvreté et inégalités, ces créatures du néolibéralisme*, Paris, Mille et une nuits, 2006, p. 14.

([109]) "O que se designa como dívida ecológica dos países ricos em relação aos países pobres: os primeiros 'tomam de empréstimo' (sem pagar, pois as taxas não são elevadas) enormes superfícies de recursos naturais, terras aráveis e florestas aos países do Sul. Exportam para estes a sua poluição, pelo menos a que não conhece fronteiras, a começar pelos gases de efeito de estufa", WWF, *op. cit.*, p. 25.

Relocalizar. "Relocalizar" significa, é claro, produzir localmente, em empresas financiadas pela poupança recolhida também localmente, o essencial das produções destinadas a satisfazer necessidades da população. Qualquer produção que se puder fazer à escala local e para as necessidades locais deveria portanto ser realizada localmente. Embora as ideias devam ignorar as fronteiras, os movimentos de mercadorias e de capitais devem, pelo contrário, ser limitados ao indispensável. Na óptica de construção duma sociedade de decrescimento sereno, a relocalização não será apenas económica. São também a política, a cultura e o sentido da vida que devem reencontrar a sua raiz territorial. Tal implica que qualquer decisão económica, política ou cultural que possa ser tomada à escala local o deve ser.

Reduzir. "Reduzir" significa, em primeiro lugar, diminuir o impacto na biosfera das nossas maneiras de produzir e de consumir. Trata-se desde logo de limitar o excesso de consumo e o desperdício incrível a que estamos habituados: 80% dos bens colocados nos mercados só são utilizados uma vez até serem atirados directamente para o lixo ([110])! Hoje em dia, os países ricos produzem 4 mil milhões de toneladas de lixo por ano ([111]). A produção de lixo doméstico nos Estados Unidos é de 760 kg por habitante, por ano, em França de 380 kg e na maior parte dos países do Sul de 200 kg ([112]). Há outras reduções desejáveis, desde os riscos para a saúde às horas de trabalho. A redução dos riscos para a saúde

---

([110]) Nicolas Hulot, *Pour un pacte écologique, op. cit.*, p. 237.

([111]) Bernard Maris, *Antimanuel [...], op. cit.*, p. 327.

([112]) Fonte: Thierry Paquot, *Petit manifeste pour une écologie existentielle, op. cit.*, p. 45.

deveria implicar a "precauvenção" (prevenção/precaução), para retomar o neologismo do professor Belpomme, e não tanto o tratamento. Não nos esqueçamos de que em 2005 as farmácias francesas venderam 2,6 milhões de embalagens e frascos, o que representa um crescimento de 8% em relação ao ano anterior!

Outra redução necessária: o turismo de massa. A idade de ouro do consumismo quilométrico está ultrapassada. No momento em que Richard Branson, o multimilionário britânico proprietário da Virgin, pretende colocar o turismo espacial ao alcance de todos ([113]), até o muito ortodoxo *Financial Times* o reconhece: "O turismo será considerado cada vez mais o inimigo público ambiental mundial número 1." ([114]). O desejo de viajar e o gosto da aventura, que estão, sem dúvida, inscritos no coração do homem, são uma fonte de enriquecimento que não deve ser estancada, mas a curiosidade legítima e a investigação educativa foram transformadas pela indústria turística em consumo mercantil destruidor do ambiente, da cultura e do tecido social dos países-"alvo". O "mexedismo", a mania de ir sempre mais longe, sempre mais depressa e sempre com maior frequência (e sempre mais barato), esta necessidade muito artificial, criada pela vida "sobremoderna", exacerbada pelos *media* e a que as agências de viagens, os organizadores de viagens e os operadores turísticos apelam, deve ser revista em baixa. Podemos perguntar-nos legitimamente se o "ecoturismo", definido como turismo ético, equitativo ou responsável, que é proposto em lugar do turismo de massa, não será um

---

([113]) *Le Monde*, 19 de Abril de 2006.

([114]) Richard Tomkins, "Welcome to the age of less", *Financial Times*, 10 de Novembro de 2006.

oximoro cúmplice do de desenvolvimento duradouro: não procura ele prolongar a sobrevivência duma actividade mercantilizada, condenada e condenável? O álibi que dá de si mesmo como auxílio ao "desenvolvimento" do Sul é falacioso. Segundo os Artisans du Monde, numa viagem de 1000 euros com tudo incluído, apenas menos de 200 euros, em média, são destinados ao país de acolhimento. Por causa da escassez de petróleo e das alterações climáticas, eis o que o futuro nos promete: cada vez menos longe, cada vez com menor frequência, cada vez menos depressa e cada vez mais caro. Na verdade, isto não se torna dramático senão devido ao vazio e ao desencanto que nos levam a viver cada vez mais virtualmente, ao mesmo tempo que viajamos realmente à custa do planeta. É necessário que reaprendamos a sabedoria das épocas passadas: saborear a lentidão, apreciar o nosso território. Segundo Bernard Revel: "Outrora, partir de viagem era uma aventura cheia de imprevistos, de tempo e de incertezas, a começar pela do regresso. [...] Mas mais frequentemente, sendo homens de solas enraizadas, ficávamos na nossa terra natal. Um campanário no centro e o horizonte a toda a volta delimitavam um território suficiente para a vida dum homem. Entre mil possíveis, escolher o que acaso propunha no próprio lugar em que nos fizera nascer não significava necessariamente falta de imaginação. Poderia ser até o oposto. Não é necessário partir para que a imaginação ganhe asas." ([115]) Ao contrário dos 750 povos papuas, condenados durante milhares de anos a viver toda a experiência humana no horizonte limitado da sua ilha (com que não pareciam sofrer

---

([115]) Bernard Revel, *Journal de la pluie et du beau temps*, Canet, Trabucaire, 2005, p. 119.

demasiado), nós temos a sorte extraordinária de poder viajar virtualmente sem sair de nossa casa, graças às maravilhas da tecnologia. Aliás, o aventureiro nato poderá sempre deslocar-se às Seychelles em prancha à vela, se entretanto estas ilhas não tiverem sido engolidas pelo oceano...

Por último, reduzir o tempo de trabalho é um elemento essencial, que voltaremos a encontrar a propósito da política de luta contra o desemprego. Trata-se, é claro, de partilhar o trabalho para que todos os que o desejem possam ter um emprego. A redução deveria articular-se com a possibilidade de mudar de actividade de acordo com os períodos da conjuntura ou da vida pessoal. Segundo Willem Hoogendijk, conviria diversificar o tipo de trabalho. "Se, por exemplo, a montagem de aparelhos de televisão constitui o trabalho principal, durante uma baixa da procura de televisores o assalariado pode dedicar-se a uma actividade agrícola, a um centro de jardinagem comercial, a uma actividade num estaleiro de construção, ou à educação, aos transportes, aos cuidados de saúde, à prática de desporto com adolescentes problemáticos, etc. A maior parte das pessoas tem competências que vão muito além do seu trabalho assalariado normal, como se torna evidente com tudo o que fazem nas horas de lazer. Ainda que até ao presente haja uma tendência hostil compreensível por parte dos sindicatos a seu respeito, as agências de trabalho temporário actuais, populares quer junto dos empregadores, quer junto de muitos empregados – destes últimos devido à diversidade dos trabalhos propostos –, são um passo na direcção certa." ([116]) Bastaria entendê-las com outro espírito.

([116]) Willem Hoogendijk, "Let's Regionalise the Economy – and Cure Ourselves of a Host of Ills!", nota de Abril de 2003.

Antes de mais, trata-se de nos desintoxicarmos do vício do emprego, elemento importante do drama produtivista. Não seremos capazes de edificar uma sociedade serena de decrescimento se não recuperarmos as dimensões recalcadas da vida: o tempo de cumprir o dever de cidadão, o prazer das actividades de fabricação livre, artística ou artesanal, a sensação de voltar a dispor de tempo para o jogo, a contemplação, a meditação, a conversa ou até mesmo apenas o prazer de estar vivo ([117]).

Reutilizar/reciclar. Ninguém de bom senso contesta a necessidade de reduzir o desperdício desenfreado, de combater a obsolescência programada dos equipamentos e de reciclar os resíduos não reutilizáveis directamente. As possibilidades são inúmeras e muitas delas foram frequentemente testadas numa escala reduzida. Por exemplo, na Suíça, as empresas Rohner e Design Tex conceberam e produziram um tecido destinado a tapeçaria que se decompõe de maneira natural no fim do seu ciclo de vida. Outras empresas criaram alcatifas que, uma vez usadas, podem ser utilizadas como palhiça nos jardins, porque são compostas por matéria orgânica. A BASF, o gigante alemão da indústria química, imaginou um tecido em fibra de *nylon* indefinidamente reciclável que, após o uso do produto a que deu origem, pode ser decomposto nos seus elementos essenciais

---

([117]) "O *tempo liberto*, escreve Thierry Paquot, não é 'tempo livre' – logo captado pelos industriais do lazer, da saúde e da descontracção –, mas uma reconciliação, por vezes tensa e contraditória, de cada um consigo mesmo. O *tempo liberto* não é de maneira alguma um resíduo – o que "resta depois" dos transportes, do trabalho, dos compromissos, da família, etc. –, mas uma exigência: a da dignidade humana, do domínio menos incompleto que for possível do destino individual", *Petit manifeste pour une écologie existentielle*, *op. cit.*, p. 65.

antes de ser reutilizado em novos produtos. Em 1990, a Xerox, empresa especializada em fotocopiadoras, criou um programa graças ao qual os seus produtos são pensados como uma montagem de partes que podem ser recicladas no final da sua utilização. Quando os aparelhos lhe são devolvidos, a Xerox encarrega-se de reutilizar grande parte dos materiais de que são feitos ([118]). Também neste domínio o que falta são estímulos para conduzir as empresas e os consumidores para a via "virtuosa". No entanto, são muito fáceis de conceber. Só falta a vontade política para os pôr em prática.

Tudo isto projecta uma utopia no melhor sentido do termo, ou seja, a construção intelectual dum funcionamento ideal, mas também concreto, pois parte de dados existentes e de evoluções realizáveis. É um outro mundo, desejável, necessário e possível, se assim o quisermos.

Neste projecto, a autonomia deve ser considerada no sentido forte, etimológico, (*autonomos*, "que dá a si mesmo a sua lei"), em reacção contra a heteronomia da "mão invisível" do mercado, da ditadura dos mercados financeiros e dos *diktats* da tecnociência, na sociedade (sobre)moderna. Esta autonomia não implica que a liberdade não tenha limites. Como diz Aristóteles, é preciso começar por saber obedecer para aprender a comandar. Na perspectiva duma sociedade de cidadãos livres, o "saber" desta obediência deve ser entendido sobretudo no sentido duma aprendizagem, duma submissão não servil à lei que a si mesmo se deu (pois a submissão servil é a aprendizagem da tirania). Nos dois casos, que haja satisfação com a servidão voluntária é incontestável – para além permanecer problemática a fronteira ténue entre as duas formas de submissão, tal

---

([118]) Piero Bevilacqua, *La terra è finita*, *op. cit.*, p. 129.

como é ténue e problemática, no "consumo", a fronteira entre um uso instrumental que respeita a pessoa e uma utilização que não a respeita. Na existência e no bom funcionamento da reciprocidade reside toda a diferença entre estas duas formas. Este é um dos muitos desafios que uma sociedade democrática deve enfrentar permanentemente. Daí a importância da convivialidade.

A convivialidade, que Ivan Illich foi buscar ao grande gastrónomo francês do século XVIII Brillat-Savarin ([119]), é que procura precisamente refazer o tecido social desfeito pelo "horror económico" ([120]). A convivialidade reintroduz o espírito da dádiva no comércio social, ao lado da lei da selva, e recupera assim a *philia* (a "amizade") aristotélica.

Alguns não deixarão de reconhecer neste recurso sistemático ao prefixo "re" dos oito "R" a marca dum pensamento reaccionário, a vontade romântica ou nostálgica dum regresso ao passado. Digamos apenas que, para além duma pequena sedução por parte do autor ao utilizar esta maneira de apresentar as etapas sob o signo da letra "R", as acções em causa têm algo quer de revolução, quer de regresso atrás, quer de inovação, quer de repetição. Se há reacção, é uma reacção perante a desmesura, a *hubris* do sistema – que também se encontra no "sobre", ou seja, no excesso, que Jean-Paul Besset denuncia –, que tornaria necessário o "re": excesso de actividade, de desenvolvimento, de produção, de abundância, de bombagem, de pesca, de pastagens, de consumo, de embalagens, de rendimentos, de comunicações, de circulação, de medicamentação, de

---

([119]) Anthelme Brillat-Savarin, autor de *La Physiologie do goût ou Méditation de gastronomie transcendante.*

([120]) Expressão de Arthur Rimbaud.

endividamento, de equipamento, etc." ([121]) Tal como diz Michael Singleton, este sistema termo-industrial, que funciona excessivamente acelerado, provoca danos cada vez mais consideráveis, designados por "uma série de termos, igualmente crescente, a que se prefacia um 'de(s)' privativo: a deslocalização industrial, a deflação monetária, o desencanto político, a desmotivação cultural, a desmistificação religiosa. Em qualquer caso, acrescenta, seria necessário fazer com que o "de" do decrescimento correspondesse à preparação do salto para outro lado, a que se presta o *dis* latino que está na origem do prefixo." ([122]) No centro do círculo virtuoso da revolução cultural dos oito "R" mantém-se um "R" que encontramos em cada um deles: resistir.

O decrescimento como projecto local

Podemos dizer dos oito "R" que são todos igualmente importantes. Parece-me, no entanto, que três deles desempenham um papel "estratégico": a reavaliação, porque ela preside a toda a mudança, a redução, porque condensa todos os imperativos práticos do decrescimento, e a relocalização, porque diz respeito à vida quotidiana e ao emprego de milhões de pessoas ([123]).

([121]) Jean-Paul Besset, *Comment ne plus être progressiste, op. cit.*, p. 182. E acrescenta: "A *overdose* realiza-se em detrimento do ser vivo. O abusivo destrói o indivíduo."

([122]) Michel Singleton, "Le coût caché de la décroissance", *Entropia*, nº 1, p. 53.

([123]) "Quatro temas podem estruturar o espaço em devir das sociedades da sobriedade", afirma Yves Cochet: "a auto-suficiência local e regional, a descentralização geográfica dos poderes, a relocalização económica e o proteccionismo, a planificação concertada e o racionamento", Yves Cochet, *Pétrole apocalypse, op. cit.*, p. 208.

A relocalização ocupa, portanto, um lugar central na utopia concreta e ganha expressão quase imediatamente como programa político. O decrescimento parece renovar a velha fórmula dos ecologistas: pensar globalmente, agir localmente. Se a utopia do decrescimento implica um pensamento global, a sua realização começa no terreno. O projecto do decrescimento local compreende dois valores interdependentes: a inovação política e a autonomia económica.

Inventar a democracia ecológica local. Para contrariar a periferização urbana e política gerada pela sociedade do crescimento, a solução poderia consistir em retomar a "utopia" do "ecomunicipalismo" de Murray Bookchin ([124]). "Não é completamente absurdo", escreve este último, pensar que uma sociedade ecológica possa ser constituída por uma municipalidade de pequenas municipalidades, cada uma das quais seria formada por uma "comuna de comunas" mais pequenas [...] em perfeita harmonia com o seu ecossistema." ([125]) A reconquista ou reinvenção dos "*commons*" (comunais, bens comuns, espaço comunitário) e a auto-organização de "biorregiões são exemplos possíveis deste processo ([126]). A biorregião ou ecorregião, definida como uma entidade espacial coerente que traduz

---

([124]) Murray Bookchin, *Pour un municipalisme libertaire*, Lyon, Atelier de création libertaire, 2003.

([125]) Citado por Alberto Magnaghi, "Dalla città metropolitana alla (bio)regione urbana", em Anna Marson (org.), *Il progetto di territorio nella città metropolitana*, Florença, Alinea editrice, 2006, p. 100.

([126]) Gustavo Esteva, *Celebration of Zapatismo, Multiversity and Citizens International*, Penang, 2004. Do mesmo autor e de M. S. Prakash, *Grassroots Postmodernism: Remaking the Soil of Cultures*, Zed Books, 1998.

uma realidade geográfica, social e histórica, pode ser mais ou menos rural ou urbana. Uma biorregião urbana poderia ser concebida como uma municipalidade de municipalidades ou "uma vila de vilas" ou uma "vila de aldeias", isto é, uma rede policêntrica ou multipolar, uma ecopólis ([127]). Constituída por um conjunto complexo de sistemas territoriais locais, dotada duma forte capacidade de auto-sustentabilidade ecológica, visa a redução das deseconomias externas e do consumo de energia ([128]).

Para alguns, estamos confrontados com um "dilema democrático" que se pode enunciar assim: quanto mais pequena é a entidade/unidade política e, portanto, directamente controlável pelos cidadãos, mais restritos são os domínios onde exerce a sua soberania ([129]). A sua capacidade de decisão e de acção não se exerce em questões que vão além dos seus limites territoriais e sofre a influência das dinâmicas externas ([130]), sobretudo no domínio ecológico. Por outro lado, quanto mais a circunscrição política territorial se alarga, menores são as oportunidades de participação dos cidadãos. Trata-se apenas da constatação dum facto, mas Paola Bonora sugere que se aborde a questão, não a partir da dimensão, mas da identidade. O que conta é a existência dum projecto colectivo enraizado num território como lugar de vida em comum e, portanto, que se deve

---

([127]) Alberto Magnaghi, *op. cit.*, pp. 69-112.

([128]) Paola Bonora, "Sistemi locali territoriali, transcalarità e nuove regole della democrazia dal basso", em *Anna Marson* (org.), *Il progetto di territorio nella città metropolitana,* Florença, Alinea editrice, 2006.

([129]) R. A. Dahl, *I dilemmi della democrazia pluralista,* Milão, Il Sagiotore, 1988.

([130]) Paola Bonora, *op. cit.*, p. 113.

preservar e cuidar para bem de todos. A participação, então implícita na acção, torna-se "guardiã e promotora do espírito dos lugares" ([131]). A dimensão já não é um problema topográfico, mas social. Trata-se do espaço do reconhecimento identitário e da capacidade de acção coordenada e solidária. Considerar uma área metropolitana como uma articulação de bairros autónomos, funcionando como comunas justapostas, de acordo com a ideia de Bookchin, é interessante, mas não pode funcionar a menos que as instâncias de bairro disponham dum verdadeiro poder, e não se reduzam a funcionar como canais de transmissão.

Uma das iniciativas mais originais e promissoras é certamente a rede das comunas novas em Itália. Trata-se duma associação constituída por investigadores, movimentos sociais e um grande número de responsáveis locais de pequenas comunas, para além de entidades mais importantes, como a província (equivalente ao departamento francês) de Milão e a região da Toscana, que, ao nível local, pretende resolver de maneira satisfatória os problemas gerados pela desmesura da sociedade do crescimento. A originalidade da rede, cuja última reunião, realizada em Bari, em Outubro de 2005, registou 500 participantes, consiste na escolha duma estratégia que se baseie no território, ou seja, no facto de se conceber o local como um campo de interacção entre actores sociais, ambiente físico e patrimónios territoriais. Em conformidade com o seu estatuto, trata-se dum projecto político que valoriza os recursos e as especificidades locais, ao encorajar processos de autonomia consciente e responsável e recusando a direcção exterior (heterodirecção) da mão invisível do mercado

---

([131]) *Ibid.*, p. 114.

planetário" (132). Quer dizer, são laboratórios de análises críticas e de autogoverno para defesa dos bens comuns. Esta experiência associa-se à ideia de "aldeia urbana" e à via traçada pelos movimentos das "cidades lentas" (*slowcity*) (133). Este movimento completa o do *slowfood*, a que aderiram já em todo o mundo 100 000 produtores, agricultores, artesãos e pescadores, que lutam contra a uniformização da alimentação, recuperando o gosto e os sabores (134). Apesar de profundamente enraizado, este projecto local não é nem fechado nem egoísta, "mas, pelo contrário, pressupõe aberturas e uma noção generosa de dar e de acolher" (135).

A sociedade do decrescimento implica um forte proteccionismo contra os concorrentes selvagens e desleais, mas também uma ampla abertura aos "espaços" que adoptarem medidas semelhantes. Se, como já dizia Miguel Torga em 1954, "o universal é o local menos os muros" podemos deduzir reciprocamente que o local é o universal com fronteiras, limites, zonas tampão, contrabandistas, intérpretes e tradutores. A identidade escolhida, mais ou menos plural, mas, no entanto, associada a uma visão comum do seu destino, é um elemento essencial para assegurar a consistência da unidade biorregional (136).

---

(132) Cf. Carta del Nuovo Município, em <www.nuovomunipio.org> e <www.comunivirtuosi.org>.

(133) É uma rede mundial de cidades médias, formada na sequência da de *slowfood*, que limitam voluntariamente o seu crescimento demográfico a 60 000 habitantes. Para além destes, seria impossível falar de "local" e de "lentidão".

(134) Carlo Petrini, "Militans de la gastronomie", *Le Monde diplomatique*, Julho de 2006.

(135) Paola Bonora, "Sistemi locali territoriali [...]", *op. cit.*, p. 118.

(136) Se, como diz Martin Heidegger, a linguagem é a "casa do ser", "a babelização, para Thierry Paquot, garante não só a diversidade

Michael Singleton afirma que quem fale de local e de comunidade, colocando em dúvida a possibilidade ou a oportunidade do universalismo político abstracto (digamo-lo claramente: um governo mundial), "arrisca-se bastante a ser apodado com todos os nomes que a modernidade anatematizou: fascismo, nacionalismo, machismo, paternalismo, elitismo, passadismo, etc. Como fazer compreender que o decrescimento não é um regresso à canga comunitária (da pequena família nuclear, do bairro das classes altas, do egoísmo regional), mas a um refazer orgânico do local (permitir às pessoas estarem mais em conjunto, tal com sucedera até aos anos 60, graças às escolas de aldeias e às empresas 'familiares', às mercearias de esquina e aos cinemas de bairro, em vez de passarem a vida no 'vaivém' entre complexos escolares, zonas industriais e as grandes superfícies das periferias)?" ([137]) Nesta perspectiva, o local não é um microcosmo fechado, mas um nó da rede de relações transversais virtuosas e solidárias, com a finalidade de experimentar práticas de reforço democrático (como os orçamentos participativos) que permitem resistir ao domínio liberal.

Reencontrar a autonomia económica local. O programa de relocalização implica, em primeiro lugar, a procura da auto-suficiência alimentar e, depois, da económica e financeira. Conviria manter e desenvolver a actividade de base em cada região: agricultura e horticultura, de

---

das culturas, mas também das maneiras de ser e de pensar." Participa do que ele designa como uma ecologia das línguas (Thierry Paquot, *Terre urbaine. Cinq défis pour le devenir urbain de la planète*, Paris, La Découverte, 2006, p. 181).

([137]) Michael Singleton, *Entropia*, n. 1, *op. cit.*, p. 52.

preferência orgânicas e respeitando as estações ([138]). Willem Hoogendijk questionou-se sobre o caso interessante da Holanda: "Segundo estimativas do Instituto de Economia Rural holandês (LEI), realizadas em 1980, a auto-suficiência agrícola era então uma opção viável nos Países Baixos, um dos países de maior densidade populacional em todo o mundo. Mais recentemente, e para grande surpresa dos próprios investigadores, o LEI calculou que os 16 milhões de habitantes poderiam desde já alimentar-se com produtos provenientes da agricultura biológica doméstica (em detrimento do nosso consumo de carne e utilizando produtos mais sazonais)." O autor adianta uma imagem concreta deste novo modelo de produção agrícola: "Uma agricultura extensiva de ar livre em explorações mistas [...]. Uma horticultura extensiva também, com actividades de conservação e de secagem dos produtos e outras transformações relacionadas. Para além disso, os nossos lixos, incluindo, a longo prazo, os próprios excrementos, devem regressar à terra como fertilizantes, comida para animais ou adubo. Ao subscrever 'cabazes frescos' com os camponeses individuais e auxiliando-os nas colheitas (como é prática já um pouco por todo o mundo), podemos estabelecer laços mais estreitos entre os camponeses/criadores de gado e os consumidores dos seus produtos. Esta alimentação será fresca e saudável. A sua pegada ecológica será infinitamente mais suave (menos armazenagem, menos refrigeração e menos trans-

---

([138]) "Tender para a auto-suficiência nacional, e depois regional, mais completa possível, garantindo um rendimento satisfatório aos camponeses e impulsionando a renovação das comunidades rurais baseada num agricultura camponesa, duradoura e biológica", Yves Cochet, *Pétrole apocalypse*, *op. cit.*, p. 224.

porte)." ([139]) Esta autonomia não significa, contudo, uma autarcia completa. "Podem realizar-se trocas comerciais com regiões que fizeram a mesma escolha e 'abandonar' o produtivismo: trocas equilibradas que respeitem a independência regional, ou seja, o comércio dos excedentes mútuos regionais, produzidos sem sobrecarga dos homens nem dos ecossistemas (manteiga por azeitonas, etc.)."

Procurar-se-á também atingir a autonomia energética local: as energias renováveis "são adaptadas às sociedades descentralizadas, sem grandes concentrações humanas. Mas esta dispersão tem também uma vantagem: cada região do mundo possui um potencial natural para desenvolver uma ou mais opções de energia renovável." ([140])

O comércio local será encorajado: um emprego precário criado numa grande distribuição destrói cinco empregos permanentes no comércio de proximidade ([141]). Segundo o INSEE, o aparecimento das grandes superfícies (no final dos anos 1960) eliminou da França 17% das padarias (ou seja, 17 800), 84% das mercearias (ou seja, 73 800) e 43% das lojas de ferragens (ou seja, 4 300). Foi uma parte importante da própria substância da vida local que desapareceu então e foi uma grande parte do tecido social que se desfez ([142]). Dado que em França, actualmente, as cinco centrais de compras da grande distribuição cobrem

---

([139]) Willem Hoogendijk, "Let's Regionalise the Economy – and Cure Ourselves of a Host of Ills!", nota de Abril de 2003.

([140]) Yves Cochet, *op. cit.*, p. 140.

([141]) Christian Jacquiau, *Les Coulisses du commerce équitable*, *op. cit.*

([142]) Vd. Nicolas Ridoux, *La Décroissance pour tous*, Lyon, Parangon, 2006, p. 11.

90% do comércio a retalho, há aqui oportunidade para intervir...

Finalmente, é preciso pensar em inventar uma verdadeira política monetária local. "Para manter o poder de compra dos habitantes, os fluxos monetários deveriam permanecer o mais possível na região e as decisões económicas também deveriam ser tomadas o mais possível ao nível da região. Demos a palavra ao especialista (neste caso, um dos criadores do euro): "Encorajar o desenvolvimento local ou regional, ao mesmo tempo que se mantém o monopólio da moeda nacional, é como tentar desintoxicar um alcoólico com gin." ([143]) O papel das moedas locais, sociais ou complementares é estabelecer a relação entre as necessidades insatisfeitas e os recursos que, de outro modo, permaneceriam não utilizados. São incontáveis as microexperiências, que vão dos cheques dos sistemas de troca locais, moedas líquidas e *creditos* argentinos até aos títulos para aquisições específicas (transportes, refeições, *fureai kippu* no Japão, "cupões de relação fraterna" para cuidados aos idosos, etc.). No entanto, a recuperação sistemática da criação e do uso local da moeda nunca foi tentada. O escalão ideal para uma tal experiência seria sem dúvida a biorregião. É preciso pensar em inventar "moedas biorregionais".

Em suma, a regionalização significa: menos transportes, cadeias de produção transparentes, apelo à produção e ao consumo sustentáveis, dependência reduzida dos fluxos de capitais e das multinacionais e maior

---

([143]) Bernard Lietaer, "Des monnaies pour les communautés et les régions biogéographiques: un outil décisif pour la redynamisation régionale au XXIe siècle", em Jérôme Blanc (org.), *Exclusion et liens financiers, monnaies sociales, Rapport 2005-2006*, Economica, p. 76.

segurança em todos os sentidos do termo. Regionalizar e voltar a incrustar a economia na sociedade local preserva o ambiente, que, em última análise, é a base de qualquer economia, abre a cada um uma abordagem mais democrática da economia, reduz o desemprego, reforça a participação (e, portanto, a integração) e fortalece a solidariedade, oferece novas perspectivas aos países em desenvolvimento e, finalmente, melhora a saúde dos cidadãos dos países ricos, graças ao aumento da sobriedade e à diminuição do *stress* ([144]).

Iniciativas locais decrescentes. Enquanto se aguardam as necessárias mudanças de "governança mundial" e a chegada ao poder de governos nacionais que adiram à objecção de crescimento, muitos agentes locais iniciaram implícita ou explicitamente a via da utopia fecunda do decrescimento. Colectividades locais desde a Carolina do Norte a Chalon-sur-Saône tomam a iniciativa e começam a aplicar planos contra a mudança climática. A redução do consumo de energia pode tomar como modelo o exemplo de BedZED (Beddington Zero Energy Development). Algumas regiões decidem recusar os OGM (a Alta Áustria, a Toscana e até a Polónia). As encomendas das colectividades locais e dos estabelecimentos públicos (escolas, hospitais, etc.) representam uma parte significativa das encomendas públicas (12% do PIB, em França), ou seja, são uma alavanca para difundir a conversão ecológica no conjunto da economia, por pouco que se exija dos seus beneficiários boas práticas ambientais através dos cadernos de encargos ([145]). No caso dos estabelecimentos que estão

---

([144]) Willem Hoogendijk, *op. cit.*

([145]) Pascal Canfin, *L'Économie verte expliquée à ceux qui n'y croient pas*, Paris, les Petits Matins, 2006, p. 72.

a seu cargo, os municípios podem tentar que os aprovisionamentos favoreçam as empresas e os fornecedores locais (Chambéry), nas cantinas e restaurantes públicos impor produtos da agricultura biológica (Lorient, Pamiers), recusar o uso de pesticidas na manutenção dos espaços públicos (rede viária e espaços verdes), devendo ser usados em alternativa técnicas de monda mecânicas ou térmicas (Rennes, Grenoble, Mulhouse) e optar pela compostagem, e não por adubos químicos ([146]). A promoção dos transportes públicos desenvolve-se em várias regiões francesas: o conselho regional da região Rhône-Alpes, por exemplo, afirma que 400 comboios suplementares, cerca de 115 estações renovadas e a renovação de 60% do material levaram a um aumento anual da frequência entre 5 e 6% desde 1997 ([147]).

Segundo Yves Cochet, "a partir de hoje devemos ficar implicados na vida municipal, participando nas eleições, assistindo às reuniões do conselho, tornando-nos membros duma associação de cidadãos que tenha por objectivo um aspecto ou outro da sobriedade: maior presença da marcha a pé e das ciclovias, menos para os automóveis; mais lojas variadas nas proximidades, menos grandes superfícies; mais imóveis pequenos, menos torres; mais serviços próximos, menos loteamento urbano, etc." ([148])

Não obstante o projecto local ter limitações evidentes, não devemos subestimar as possibilidades de avanços da política a este nível. A experiência da comuna de Mouans-Sartoux, por impulso do seu presidente, André

([146]) Nicolas Hulot, *op. cit.*, p. 170.

([147]) Nicolas Ridoux, *La Décroissance pour tous*, *op. cit.*, p. 86.

([148]) Yves Cochet, *Pétrole apocalypse*, *op. cit.*, p. 200.

Aschieri, revela-se interessante: a reabertura da estação e dos serviços ferroviários, a multiplicação das prestações de serviços por entidades públicas no caso dos "bens públicos comuns" (água, transportes e até serviços funerários), o desenvolvimento de ciclovias e de espaços verdes, a manutenção dos agricultores locais e do pequeno comércio e a recusa da especulação imobiliária e da instalação de grandes superfícies permitiram evitar a "periferização", considerada inelutável há 30 anos, e voltaram a dar sentido ao viver local, de que o festival anual do livro é um símbolo vibrante.

É preciso substituir a OMC pela OML (Organização Mundial pela Localização), tendo por lema: "Proteger o local globalmente." ([149])

Reduzir significa regredir?

Quando se revela possível, a marcha-atrás é, nalguns domínios, uma prova de sabedoria, nomeadamente no que respeita aos aprovisionamentos. Nos países da Organização para a Cooperação e Desenvolvimento (OCDE), a tendência actual é para uma alimentação menos local, menos sazonal, menos vegetal e menos cara. Nestes últimos anos, aumentou em todo o lado a dependência alimentar regional. Consideremos o caso do Limousin, região considerada rural. Segundo Emmanuel Bailly, apenas 10% dos produtos alimentares consumidos são produzidos e transformados regionalmente. "A cultura da batata foi completamente abandonada, tendo passado de 7400 hectares para cerca de 300 hectares [...].

([149]) De acordo com a sugestão de Yves Cochet, *Pétrole apocalypse*, *op. cit.*, p. 224.

A cultura de legumes ocupava cerca de 6300 hectares em 1970 e apenas 300 hectares em 2000 (6700 toneladas). A produção regional cobre apenas 8,1% das necessidades da população em legumes frescos." ([150]) A maçã golden do Limousin tem de enfrentar a concorrência da golden chinesa, duas vezes mais barata, incluindo transporte! Dentro de pouco tempo, depois da carne à venda, será ao gado da América do Sul que a carne de vaca local terá de fazer face. A deslocalização das produções é comandada pelos accionistas, enquanto o aprovisionamento fora da região o é pelas centrais de compras das cadeias de grande distribuição. Estas práticas conduzem a uma grande fragilidade do sistema. Durante o bloqueio marítimo imposto em Outubro de 2005 pela greve dos marinheiros da Société national maritime Corse Méditerranée (SNCM), ao fim de quatro ou cinco dias a Córsega enfrentou uma ruptura de aprovisionamentos de legumes e produtos frescos.

Infelizmente, a viagem tão caricatural dos camarões dinamarqueses não é excepção ([151]): são descascados em Marrocos, regressam à Dinamarca e voltam a partir para os lugares de comercialização. Mas há algo ainda mais aberrante, como se tal fosse possível: os lagostins escoceses são expatriados para a Tailândia para ser descascados à mão numa fábrica da Findus, regressam depois à Escócia para ser cozidos, sendo finalmente vendidos nos armazéns Marks and Spencer. Inverter esta tendência permitiria reduzir o desperdício e tornaria o

---

([150]) Emmanuel Bailly, "Le concept de l'Écorégion ou comment restaurer le système immunitaire des régions", boletim *Ligne d'horizon*, nº 36, Agosto-Setembro de 2006.

([151]) Philippe Mühlstein, "Les ravages du mouvement perpétuel", *Le Monde diplomatique*, Janeiro de 2005.

nosso aprovisionamento, sobretudo o alimentar, menos vulnerável aos preços cada vez mais elevados da energia e, mais tarde, à própria escassez dos hidrocarbonetos ([152]). Segundo Yves Cochet, "uma alimentação mais económica em energia seguiria assim três orientações opostas às que são hoje correntes: seria mais local, mais sazonal e mais vegetariana." ([153]) Continuará a ser "mais cara" se se continuar a fazer com que as vítimas paguem e a subsidiar os poluidores.

Também aqui é necessária alguma descolonização do imaginário. Independentemente de serem amantes do progresso e da modernidade (o que, mais ou menos, todos somos), os "críticos" estão obcecados pelo receio dum regresso ao passado, que significaria, para eles, miséria e humilhação. "Na minha juventude", dizia-me um amigo siciliano, "eu era o único do meu grupo de amigos que usava sapatos. Todos os outros jogavam à bola com os pés descalços. Actualmente, todas crianças usam sapatos. Ora, isso foi o crescimento que no-lo trouxe." Os "objectores de crescimento" enfrentam por vezes "objectores de decrescimento", que utilizam observações deste tipo, cujo fundamento é incontestável. A apreensão em relação a voltar a ficar imerso num passado misterioso, qualquer que seja a deformação eventual das recordações acerca dele, não é ilegítima. No entanto, não se trata de regressar a este despojamento, exacerbado na maioria das vezes por desigualdades insuportáveis. Antes de mais, trata-se de saber se o bem-estar vivido requer necessariamente possuir 10 pares de sapatos, frequentemente de má qualidade, em vez de dois que sejam resistentes. Tal como diz Murray Bookchin:

([152]) Yves Cochet, *Pétrole apocalypse, op. cit.*, p. 97.

([153]) *Ibid.*, p. 89.

"Não penso que a vida boa requeira que possuamos instalações sumptuosas, 10 piscinas e 50 televisores. Alguns libertários poderiam objectar: 'Muito bem, mas se há pessoas que querem 10 piscinas, deveriam poder tê-las. Vocês não deveriam tentar impedi-las. São livres.' A minha resposta é que as necessidades aceitáveis deveriam ser determinadas pela comunidade no seu conjunto, que é a municipalidade. Uma assembleia pode então dizer: 'Bastam dois pares de sapatos. Não precisam de ter 10.' Podem dizer que há um certo limite que é suficiente, que não é preciso possuir a Lua." ([154])

Willem Hoogendijk tentou introduzir racionalidade na autolimitação das necessidades: "No que diz respeito às nossas pretensas necessidades, que são consideradas 'sem limite' em qualquer manual de economia, pode ser sensato estabelecer agora uma distinção que seja mais precisa do que entre as necessidades primárias e secundárias ou, na terminologia de Keynes, entre absolutas e relativas, por as primeiras terem limites naturais e as segundas não." Propõe que se distinga as necessidades fundamentais ou normais das outras. As primeiras (alimentação, vestuário, habitação, trabalho, socialidade/ /sexo) podem também exceder o que é razoável (mais espaço por pessoa, mais pares de sapatos, mais aquecimento central, etc.), mas estão relativamente sujeitas a saturação. As segundas, privilegiadas pela sociedade do crescimento, que é uma dinâmica de criação ilimitada de necessidades, podem ser classificadas assim:

- necessidades de compensação pelas perdas ocorridas no passado, como, por exemplo, espaços

---

([154]) "Interview with Murray Bookchin", por David Vanek, em *Harbinger, A Journal of Social Ecology*, vol. 2, nº 1, 2001.

verdes, por causa dos automóveis que invadem as ruas, locais tranquilos, piscinas para substituir os rios poluídos, etc.;

- necessidades de reparação ou de prevenção dos danos como, por exemplo, a purificação do ar e da água, a calagem das florestas ácidas, etc., em suma, o reino da eco-indústria em expansão;
- outras necessidades criadas pelos desenvolvimentos precedentes como, por exemplo, a necessidade de novos empregos devido à automatização; mais transportes devido à organização física do espaço, baseada na separação e que utiliza máquinas que produzem mais depressa por causa da concorrência desenfreada, etc.

Um dos objectivos do sistema é criar necessidades que, em paralelo, procura satisfazer, produzindo bens correspondentes de reparação, compensação ou consolação ([155]).

Reduzir é também abrandar e, portanto, resistir ao império da velocidade e às tendências actuais. Em Espanha, a recente supressão da sesta é sintomática do absurdo da sociedade do crescimento. Diz Thierry Paquot: "A supressão arbitrária da sesta em nome da homogeneidade dos horários entre estabelecimentos da mesma empresa multinacional à escala mundial (penso aqui no sector bancário espanhol, que europeíza o seu horário de funcionamento), constitui uma grande violência simbólica e também uma medida con-

---

([155]) Willem Hoogendijk, nota de Abril de 2003. Conclui assim a sua análise: "Necessidades ilimitadas? Uma criação ilimitada de necessidades!"

traproducente." ([156]) Na verdade, todos os médicos reconhecem os benefícios desta prática ancestral.

Em suma, não se trata de culpabilizar os consumidores para os converter à ascese, mas de os responsabilizar como cidadãos.

A receita do decrescimento consiste em fazer mais e melhor com menos. Esta fórmula illichiana não deve ser compreendida no sentido da racionalização económica, nem na sua caricatura tecnocrática. O desmantelamento do Estado-providência e os cortes orçamentais subsequentes requerem, de facto, uma nova gestão pública (NGP) que substitua a racionalização das escolhas orçamentais (REO). Trata-se, neste caso, de obter um melhor resultado da política social, despendendo menos, mediante a utilização de associações (e até de beneficiários) colocadas em concorrência no mercado dos subsídios ([157]). O espírito do decrescimento está nos antípodas da busca obsessiva de economias de todo o género e da ideologia neoliberal subjacente com as suas palavras de ordem: eficácia, *performance*, excelência, rentabilidade a curto prazo, redução dos custos, flexibilidade, rentabilidade dos investimentos, etc., cujo resultado é a destruição do tecido social. É claro que se trata de consumir menos os recursos naturais do planeta, mas para produzir um mais extra-económico e, portanto, tendo um objectivo diametralmente oposto ao dos tecnocratas.

([156]) Thierry Paquot, *Terre urbaine. Cinq défis pour le devenir urbain de la planète*, *op. cit.*, p. 178.

([157]) Vd. Marie-Dominique Perrot (org.) *et al.*, *Ordres et désordres de l'esprit gestionnaire*, Lausana, Éditions Réalités sociales, 2006; e sobretudo Gilbert Rist, "La nouvelle gestion publique peut-elle être sociale?".

Será necessário ir até ao racionamento? Alguns pensam seriamente que sim no que respeita à energia e às emissões de gases de efeito de estufa, embora o racionamento faça lembrar a economia de guerra. Todavia, podemos, de facto, dizer que travamos uma batalha pela sobrevivência da humanidade. Lester Brown assinala que, em 1942, perante a urgência da guerra, a economia americana foi capaz de converter dum dia para o outro a produção de automóveis particulares em produção de carros de combate. Um desafio comparável seria, por exemplo, reconverter esta mesma indústria automóvel em produção de microgeradores. Um país democrático como o Reino Unido pôde aceitar, nesta condição de urgência, um programa de sangue, suor e lágrimas. Longe de implicar necessariamente tais sacrifícios, a reconversão ecológica das nossas sociedades promete, não para amanhã, mas já para hoje, uma maior alegria de viver, devido a uma alimentação saudável, mais lazer e mais convivialidade.

Dado ser razoável esperar o crescimento da eficiência ecológica (crescimento da biocapacidade, do rendimento das terras cultivadas, das pescas, das florestas, etc.) graças a melhores tecnologias e uma melhor gestão, a redução necessária encontrar-se-á atenuada na mesma medida ([158]). Ou seja, o regresso a uma pegada ecológica "correcta" (um só planeta), que necessita duma diminuição do uso dos recursos naturais de 75%, poder-se-ia realizar graças a uma diminuição do consumo final inferior a 50% e com um aumento incomparável da qualidade de vida.

([158]) Da ordem dos 30% desde agora até 2100, segundo a WWF.

O Sul e o desafio do decrescimento

De certo modo, e paradoxalmente, a ideia do decrescimento nasceu no Sul e sobretudo em África. Na verdade, o projecto duma sociedade autónoma e frugal emergiu na sequência da crítica ao desenvolvimento.

Desde há mais de 40 anos, uma pequena "internacional" anti ou pós-desenvolvimentista analisa e denuncia os danos do desenvolvimento em África ([159]), da Argélia de Boumediene à Tanzânia de Nyerere. Ora, este desenvolvimento, não apenas capitalista ou ultraliberal, como na Costa do Marfim, mas oficialmente "socialista", "participativo", "endógeno", "*self-reliant/* /autocentrado", "popular e solidário" era também muitas vezes aplicado ou apoiado pelas ONG humanistas. Apesar de algumas microrrealizações notáveis, a sua falência foi geral e o projecto que deveria conduzir ao "desenvolvimento de cada homem e de todos os homens" mergulhou na corrupção, na incoerência e nos planos de ajustamento estrutural, que transformaram a pobreza em miséria.

Esta crítica destinada ao Sul desembocava na alternativa *histórica*, ou seja, na auto-organização de sociedades e economias vernáculas ([160]). Naturalmente, estas análises interessavam-se também pelas iniciativas alternativas no Norte, do tipo STL (sistemas de trocas locais), Repas (sigla francesa para rede de trocas das práticas alternativas e solidárias), *Banche del tempo* (bancos de tempo – trocas de serviços entre pessoas), cooperativas, etc., mas não por uma alternativa de sociedade no

---

([159]) Vd. *The Development Dictionary*, Londres, Zed Books, 1992.

([160]) Vd. o meu livro *L'Autre Afrique. Entre don et marché*, Paris, Albin Michel, 1998.

singular. Devido à crise ambiental e à emergência da mundialização, o sucesso inesperado e muito relativo desta crítica, pregada no deserto durante muito tempo, levou-nos a aprofundar as suas implicações na economia e na sociedade do Norte. De facto, a farsa do desenvolvimento duradouro diz respeito tanto ao Norte como ao Sul e os perigos do crescimento são agora planetários. Foi assim que nasceu a proposta do decrescimento.

No caso da África, a diminuição da pegada ecológica (mas também do PIB) não é necessária nem desejável. Mas daí não se deve logo concluir que neste continente deve ser construída uma sociedade do crescimento. O decrescimento diz respeito às sociedades do Sul, porque estão empenhadas na construção de economias de crescimento e devem evitar cair no impasse a que esta aventura as condena. Longe de enaltecermos sem reservas a economia informal, pensamos que as sociedades do Sul, se ainda forem a tempo, poderiam "desenvolver-se", quer dizer, poderiam livrar-se dos obstáculos que se lhes colocam para se realizarem doutro modo. Em primeiro lugar, é evidente que o decrescimento no Norte é uma condição do desenvolvimento de qualquer forma alternativa no Sul. Enquanto a Etiópia e a Somália, na maior penúria, estiverem condenadas a exportar alimentos para os nossos animais domésticos e enquanto engordarmos o nosso gado para abate com farelo de soja obtido com as queimadas da floresta amazónica, estaremos a asfixiar qualquer tentativa de verdadeira autonomia por parte do Sul ([161]).

([161]) Sem contar que estas "mudanças" planetárias contribuem para desregular um pouco mais o clima, que estas culturas especulativas dos latifundiários privam de feijão os pobres do Brasil e que, para além disso, nos arriscamos a ter catástrofes biogenéticas do tipo "vacas loucas".

Ousar o decrescimento no hemisfério Sul é tentar desencadear um movimento em espiral que o coloque na órbita do círculo virtuoso dos oito "R". Esta espiral de introdução ao decrescimento poderia organizar-se com outros "R", ao mesmo tempo alternativos e complementares, como Romper, Renovar, Reencontrar, Reintroduzir, Recuperar, etc. Romper com a dependência económica e cultural em relação ao Norte. Renovar o curso duma história interrompida pela colonização, o desenvolvimento e a mundialização. Reencontrar e recuperar uma identidade cultural própria. Reintroduzir os produtos específicos esquecidos ou abandonados e os valores "antieconómicos" ligados ao passado destes países. Recuperar as técnicas e o saber-fazer tradicionais.

Em Fevereiro de 2007, no centro Emmaüs de Tohue, perto de Cotonou, a ONG italiana Chiama l'Africa organizou um debate com alguns intelectuais beninenses sobre o tema "pobreza e decrescimento". Este encontro em torno de Albert Tévoédjré permitiu fazer o ponto de situação sobre o paradoxo africano em relação a esta questão.

Quem se recordará ainda de Albert Tévoédjré? No entanto, em 1978, por instigação de Ivan Illich, publicou *La Pauvreté, richesse des peuples*, um livro de sucesso, precursor das ideias do decrescimento ([162]). Nele criticava o absurdo do mimetismo cultural e industrial, elogiava a sobriedade inscrita na tradição africana e denunciava a desmesura da sociedade do crescimento com a sua criação de necessidades factícias, a sua desumanização gerada pelo domínio das relações centradas no dinheiro e a sua destruição do ambiente. Propunha, por fim, um regresso à autoprodução aldeã.

([162]) Paris, Éditions ouvrières.

Com 85 anos e em plena forma, o homem não renegou em nada as suas ideias, mas em África elas já não despertam o interesse de ninguém. Como muitos intelectuais africanos, envolveu-se – e talvez se tenha perdido – na política sem ter podido aplicar as suas convicções nos cargos ministeriais que ocupou.

Analisámos em *L'Autre Afrique* a auto-organização mediante o desenrascanço dos excluídos da modernidade económica. Constitui um exemplo de construção duma sociedade autónoma e frugal, sustentável em condições infinitamente mais precárias do que as sociedades de decrescimento do Norte e sem nada dever, ou quase, às elites intelectuais e políticas do continente. Esta capacidade, não só de sobreviver, mas também de construir toda uma vida à margem da sociedade mundial de mercado, baseia-se em três tipos de construção: imaginária, com a proliferação dos cultos sincréticos e das seitas (incluindo nos países muçulmanos, com as irmandades e as suas dissidências); tecno-económica, com a recuperação engenhosa, industriosa e empreendedora (por oposição à racionalidade económica ocidental, de engenharia, industrial e empresarial); e sobretudo social, com a invenção dum laço "neoclânico" (com participações cruzadas numa imensidão de associações).

Verdadeira sociedade alternativa à espera de reconhecimento e de emergir na cena política e internacional, esta experiência sofre, apesar disso, as mesmas ameaças repetidas duma mundialização triunfante e arrogante (ainda que em crise). Embora tenhamos testemunhado o seu "sucesso" surpreendente, a colonização do imaginário ameaça hoje a outra África, após ter corrompido a África oficial. A invasão dos *media* internacionais através das rádios, televisões, internet e telemóveis teve efeitos corrosivos nos vínculos sociais.

Basta pensar no desejo dos jovens de deixar os seus países, que acabam por considerar um inferno, em direcção aos paraísos artificiais do Norte, contra a porta dos quais vão chocar. Por vezes a invasão dos produtos chineses de consumo de massa e baratíssimos faz concorrência aos artesãos em recuperação, que venceram as exportações manufacturadas europeias. Os processos de individuação, sem gerar um verdadeiro individualismo, conseguem dar início à solidariedade em que se baseava o universo alternativo. Por último, a poluição sem fronteiras torna cada vez mais inviável um ambiente degradado. Uma verdadeira sociedade de consumo em segunda-mão, com velhas carripanas desconjuntadas, telemóveis avariados, computadores recuperados e todas as inutilidades do Ocidente, corrói como um cancro a capacidade de resistir na dissidência. É desejável que no Norte a crise chegue a tempo de permitir que a outra África tenha uma oportunidade. Há alguns anos, neste mesmo Benim, algumas velhas aldeãs diziam-me: "Quando é que vocês, os Franceses, regressam? Desde a vossa partida sofremos muitíssimo." Actualmente, são os jovens que nos assediam e interpelam: "Ajudem-nos a ir para França. Aqui não há nada por que possamos esperar." O paradoxo africano junta-se assim tragicamente ao ocidental. Como escrevia o meu saudoso amigo Jean Baudrillard: "A cultura ocidental apenas se mantém devido ao desejo do resto do mundo de a ele aceder." ([163])

Se de facto pretendermos que exista no Norte uma preocupação com a justiça que ultrapasse a mera redução necessária da "pegada ecológica", e para além da

---

([163]) Jean Baudrillard, crónica no *Libération* de 18 de Novembro de 2005 (republicada em 7 de Março de 2007).

dívida ecológica, talvez seja preciso tomar em consideração outra "dívida" cujo "reembolso" é por vezes reclamado pelos povos indígenas: restituir. A restituição da honra perdida (a do património pilhado é muito mais problemática) poderia consistir em entrar em parceria de decrescimento com o Sul.

Pelo contrário, manter ou, pior ainda, introduzir no Sul a lógica do crescimento com o pretexto de fazer com que estes países saiam da miséria criada por este mesmo crescimento só pode ocidentalizá-los um pouco mais. Nesta proposta, que parte dos bons sentimentos dos nossos amigos altermundialistas de querer "construir escolas, centros de saúde, redes de água potável e recuperar a autonomia alimentar" ([164]), há um etnocentrismo vulgar que é precisamente o do desenvolvimento. Das duas uma: ou perguntamos aos países interessados o que pretendem, consultando os seus governos ou através de inquéritos a uma opinião manipulada pelos *media*, e a resposta será indubitável: antes destas "necessidades fundamentais" que o paternalismo ocidental lhes atribui, pedirão ares condicionados, computadores portáteis, frigoríficos e sobretudo "carros", bem como centrais nucleares, aviões Rafale e carros de combate AMX para alegria dos responsáveis... Ou ouvimos o grito do coração do líder guatemalteco: "Deixem de incomodar os pobres e não lhes falem mais em desenvolvimento." ([165]) Todos os animadores dos movimentos populares, de Vandana Shiva, na Índia, a Emmanuel Ndione, no Senegal, o dizem à sua maneira. É que, afinal, se importa aos países do Sul "recuperar a autono-

---

([164]) Jean-Marie Harribey, "Développement durable: le grand écart", *L'Humanité*, 15 de Junho de 2004.

([165]) Alain Gras, *Fragilité de la puissance*, Paris, Fayard, 2003, p. 249.

mia alimentar", é porque esta indubitavelmente se perdera. Ela ainda existiu em África até aos anos 1960, antes da grande ofensiva do desenvolvimento. Não foi o imperialismo da colonização, do desenvolvimento e da mundialização que destruiu esta auto-suficiência e que agrava todos os dias um pouco mais a dependência? Antes de ser maciçamente poluída pelos resíduos industriais, a água, com ou sem torneira, era potável na maioria das vezes. Quanto às escolas e aos centros de saúde, serão as instituições adequadas para introduzir e defender a cultura e a saúde? Ivan Illich levantou fortes dúvidas sobre a sua pertinência no Norte ([166]). Convém, portanto, adoptar esta via com ainda maior circunspecção no que respeita ao Sul, como alguns intelectuais destes países (demasiado poucos, sem dúvida...) fazem. A solicitude do Branco, que se preocupa com o decrescimento no Sul com o objectivo louvável de o ajudar, parece suspeita. "O que se continua a chamar *ajuda*", como realça Majid Rahnema justamente, "não é senão uma despesa destinada a reforçar as estruturas geradoras da miséria. Pelo contrário, as vítimas espoliadas dos seus verdadeiros bens nunca são auxiliadas quando procuram demarcar-se do sistema produtivo mundializado para encontrar alternativas conformes às suas próprias aspirações." ([167])

No entanto, a alternativa ao desenvolvimento, tanto no Sul como no Norte, não pode ser um impossível regresso ao que existia antes, nem um modelo uniforme de "a-crescimento" imposto. Para os excluídos, para os

---

([166]) O aparecimento das suas obras completas (Paris, Fayard, 2004 e 2005) oferece uma ocasião para reler sobretudo *Une société sans école* e *Némésis médicale*, que continuam a ter plena actualidade.

([167]) Majid Rahnema, *Quand la misère chasse la pauvreté*, *op. cit.*, p. 268.

náufragos do desenvolvimento, só pode deixar de ser uma espécie de síntese entre a tradição perdida e a modernidade inacessível. É uma fórmula paradoxal que resume bem o duplo desafio. Podemos acreditar em toda a riqueza da invenção social para lhe dar resposta, após a criatividade e o engenho terem sido libertados da canga economicista e "desenvolvimentista". O pós-desenvolvimento, aliás necessariamente plural, significa a procura de modos de expansão colectiva em que não seja privilegiado o bem-estar material destruidor do ambiente e dos vínculos sociais. O objectivo da "vida boa" pode realizar-se de múltiplas formas, de acordo com os contextos. Noutros termos: trata-se de reconstruir/reencontrar novas culturas.

Também neste caso estamos perante uma utopia concreta e fecunda, e não um programa político. Na terceira parte, não apresentaremos uma agenda de construção de sociedades autónomas no Sul, porque julgamos que são as populações respectivas que devem determinar o conteúdo do projecto. É claro que a sua aplicação prática no Sul depara com muitos obstáculos. "Se pensares num leão, sobe a uma árvore", diz um provérbio banto. Se no Norte quem se dedicar a um tal projecto político se arrisca a ser assassinado, no Sul o mero facto de pensar nele pode representar o mesmo destino de Patrice Lumumba, Thomas Sankara ou Salvador Allende. Segundo Pierre Gevaert, que pensou maduramente na questão: "Para os africanos sobretudo, que ainda não se tornaram escravos do conforto moderno, bastaria estar atento aos sete pontos seguintes:

1. Não confiar demasiado nas falsas riquezas ocidentais e, portanto, recuperar o máximo de autonomia em relação a elas.

2. Substituir em parte as divisas em moeda estrangeira (franco CFA, dólar, libra esterlina, etc.) por uma moeda local de troca inspirada nos SEL (*).
3. Eliminar progressivamente as monoculturas de exportação para as substituir por culturas para consumo alimentar local, não dependentes de contributos externos (adubos químicos, pesticidas, etc.), graças ao composto que aproveita cada palhinha, aos estrumes e a outras matérias orgânicas [...].
4. Quando houver colheitas excedentárias, tentar transformar por si mesmo as matérias-primas para não entrar no jogo dos mercados não equitativos e beneficiar dos valores acrescentados gerados pelas transformações (por exemplo: pasta de sésamo ou de amendoim) [...].
5. Proteger a sua terra, o seu solo, cercando as parcelas com pequenas barreiras anti-erosão [...].
6. Cozinhar com o sol, graças ao forno solar que o marceneiro local pode construir por um preço que não ultrapassará 100 euros [...].
7. Criar um máximo de reservatórios ou de represas de água para armazenar a água das chuvas [...]." ([168])

Este programa limitado ao mundo rural constitui um exemplo das formas práticas que a reconquista da autonomia poderia assumir.

(*) Os SEL (acrónimo de Sistèmes d'Échanges Locales) são grupos de pessoas que praticam a troca multilateral de bens, serviços e conhecimentos. (*N. T.*)

([168]) Pierre Gevaert, *Alerte aux vivants et qui veulent le rester*, Commarque, Ruralis, 2005, pp. 97-98.

E a China? A questão é introduzida ritualmente em todos os debates sobre o decrescimento. Surgem menos frequentemente as perguntas "E a Índia?" ou "E o Brasil?". É evidente que o crescimento económico chinês (e o indiano) é um problema planetário. A China está prestes a tornar-se o primeiro poluidor do planeta, ainda que esteja ainda longe disso em termos relativos. Em 2004, a sua pegada ecológica por habitante correspondia precisamente a um planeta e era cerca de seis vezes inferior à dos Estados Unidos. (No Verão de 2007, passou a ser o primeiro país emissor de gases de efeito de estufa em todo o mundo.) A China já é a fábrica do universo. Seria imoral – e, aliás, bem difícil agora – impor o que quer que seja aos Chineses. A aspiração das classes em ascensão do país (100 a 200 milhões de indivíduos, apesar de tudo) ao automóvel e ao desperdício desenfreado do consumismo ocidental é tanto menos repreensível quanto por ela somos enormemente responsáveis. A Volkswagen e a General Motors prevêem fabricar 3 milhões de veículos por ano, na China, nos próximos anos, e a Peugeot, para não ficar atrás, procede a investimentos gigantescos... É claro que há também industriais chineses do sector automóvel que produzem para o mercado interno (e um pouco para exportação), copiando marcas estrangeiras. Ainda que possamos pensar que será feliz, não entrámos ainda na via duma sociedade autónoma e sustentável, mas necessariamente frugal ao nível material.

De qualquer modo, os destinos do mundo e da humanidade dependem muitíssimo das decisões dos responsáveis chineses. O facto de estarem conscientes dos desastres ecológicos actuais e das ameaças muito reais que pesam sobre o seu futuro (e o nosso), de saberem que os custos ecológicos do seu crescimento anulam ou ultrapassam mesmo os seus benefícios na contabilidade ecológica (mas os que ficam com os dividendos não são os que suportam os custos), tudo isso, associado a uma tradição milenar de sabedoria muito distante da racionalidade e da vontade de poder ocidentais, permite esperar que não cheguem a ir até ao fim do impasse do crescimento que nós estamos prestes a atingir. De acordo com o relatório Stern, a China já adoptou um plano ambicioso que visa reduzir em 20%, entre 2006 e 2010, a energia utilizada por unidade do PIB e promover as energias renováveis. A Índia encontra-se numa situação semelhante e preparou-se para lançar uma política de melhoria da eficácia energética durante o mesmo período ([169]).

É mediante o empenho resoluto na via da sociedade do decrescimento e demonstrando que o "modelo" é desejável e, portanto, exemplar, que podemos convencer melhor os Chineses, tal como os Indianos e os Brasileiros, a mudar de direcção, facultando-lhes ao mesmo tempo os meios, e, deste modo, salvar a humanidade dum destino funesto.

O decrescimento é reformista ou revolucionário?

Trata-se, na verdade, duma revolução. Precisemos, no entanto, que, para nós, tal como para Cornelius Castoriadis, "revolução não significa nem guerra civil nem efusão de sangue". Este tipo de violência parece ser ainda menos inelutável, se concordarmos com André Gorz (Castoriadis, no fim da sua vida, não o teria

([169]) Nicholas Stern, "The Economics of Climatic Change", executive summary, <www.sternreview.org.uk>, Outono de 2006, p. 15.

contraditado neste aspecto), que "a civilização capitalista [...] caminha inexoravelmente para a sua derrocada catastrófica; já não é necessária uma classe revolucionária para derrubar o capitalismo, porque ele cava a sua própria sepultura e a da civilização industrial no seu conjunto" ([170]). É uma sorte, porque se vê bem que a luta de classes se esgotou com o triunfo do capital. Os vencidos deste confronto plurissecular, mais numerosos do que nunca, estão, no entanto, divididos, desestruturados, perderam a sua cultura e (já) não constituem uma classe revolucionária. Esta derrocada desejável do capitalismo não garante por si só amanhãs que cantam e é por isso que a revolução volta a ter pertinência. "A revolução", prossegue Castoriadis, "é uma mudança de determinadas instituições centrais da sociedade pela actividade da própria sociedade: a autotransformação explícita da sociedade condensada num tempo curto. [...] A revolução significa a entrada do essencial da comunidade numa fase de actividade *política*, isto é, *instituidora*. O imaginário social inicia o seu trabalho e pugna pela transformação das instituições existentes." ([171]) Neste sentido, o projecto da sociedade do decrescimento é eminentemente revolucionário. Trata-se não só duma mudança de cultura, mas também das estruturas do direito e das relações de produção. Todavia, como é um projecto político, a sua aplicação prática obedece mais à ética da responsabilidade do que à ética da convicção. A política não é a moral e o responsável deve aceitar compromissos com a existência do mal. A busca do bem comum não é a do mero bem, mas sim

---

([170]) André Gorz, *op. cit.*, p. 27.

([171]) Cornelius Castoriadis, *Une société à la dérive*, Paris, Le Seuil, p. 117.

a do mal menor. Portanto, o realismo político não consiste em abandonar-se à banalidade do mal, antes em contê-la no horizonte do bem comum. Neste sentido, mesmo radical e revolucionária, nenhuma política pode deixar de ser reformista, devendo sê-lo, aliás, ou irá afundar-se no terrorismo. Este necessário pragmatismo da acção política, que desenvolveremos na terceira parte, não significa uma renúncia aos objectivos da utopia concreta. O potencial revolucionário desta, a sua fecundidade ([172]), não é incompatível com o reformismo político, desde que os inevitáveis compromissos da acção não degenerem em compromissos no plano do pensamento.

([172]) Como muito bem diz José Bové em *Candidat rebelle*, Paris, Hachette Littératures, 2007.

III

O DECRESCIMENTO: UM PROGRAMA POLÍTICO

> "Todos os que, à esquerda, recusam abordar por este ângulo a questão duma equidade sem crescimento demonstram que, para eles, o socialismo não é senão a continuação por outros meios das relações sociais e da civilização capitalistas, do modo de vida e do modelo de consumo burguês.
>
> André GORZ (173)

Conceber um modelo coerente e desejável de sociedade do crescimento constitui não só uma reflexão teórica, mas também uma etapa importante da sua aplicação política. É necessário avançar ainda mais na elaboração de propostas concretas, embora o trabalho de autotransformação em profundidade da sociedade e dos seus cidadãos nos pareça mais importante do que as eleições. Tal não significa, no entanto, que o parto será espontâneo e indolor. A política politiqueira tem actualmente pouco a ver com as realidades que é preciso mudar e convém ser prudente na maneira de a utilizar. Isto também não significa que os desafios eleitorais deixem de existir. Na melhor das hipóteses, os governos

(173) André Gorz, *Écologie et liberté*, Paris, Galilée, 1977.

apenas podem travar, retardar e atenuar processos que lhes escapam, se pretenderem fazer contra-vapor. Há uma "cosmocracia" mundial que, sem decisão explícita, esvazia a política da sua substância e impõe as "suas" vontades por intermédio da "ditadura dos mercados financeiros" ([174]). Todos os governos são, queiram-no ou não, "funcionários" do capital.

A alternativa ao produtivismo coloca-se a todos os níveis: individual, local, regional, nacional e mundial (devendo ter-se especial atenção ao nível europeu). Todavia, exercendo-se preferencialmente a tirania dos "novos senhores do mundo" sobre os níveis superiores, é preciso encontrar as alavancas mais adequadas para agir de modo concertado e complementar.

Possuem os "decrescentes" um programa eleitoral? Como pensam resolver o problema do desemprego? O decrescimento é solúvel no capitalismo? É uma reivindicação de direita ou de esquerda? O movimento do decrescimento irá transformar-se num novo partido político? Para estas interrogações políticas devemos tentar encontrar respostas.

Um programa eleitoral

Medidas muito simples e quase anódinas na aparência são susceptíveis de desencadear os círculos virtuosos do decrescimento ([175]). Podemos pensar a transição

---

([174]) Denis Duclos, "La cosmocratie, nouvelle classe planétaire", *Le Monde diplomatique*, Agosto de 1997.

([175]) Sem prejuízo, aliás, doutras medidas de salubridade pública, como a imposição dum rendimento máximo, proposta pelo MAUSS, ou a abolição pura e simples de todas as patentes, proposta por Jean-Pierre Berlan.

com um programa quase eleitoral que nalguns pontos retire as consequências de "bom senso" que resultam do diagnóstico feito anteriormente.

Por exemplo:

1) *Retornar a uma pegada ecológica igual ou inferior a um planeta*, ou seja, mantendo tudo o mais igual, uma produção material equivalente à dos anos 1960-1970.

Como será possível reduzir a nossa pegada ecológica em cerca de 75% sem regressar à Idade da Pedra? Muito simplesmente diminuindo de forma maciça os "consumos intermédios", entendidos no sentido amplo (transportes, energia, embalagens, publicidade) sem afectar o consumo final. Para isso contribuirão o retorno ao local e a caça aos "desperdícios".

2) *Integrar nos custos de transporte* os danos provocados por esta actividade, mediante ecotaxas apropriadas.

Os custos externos *a minima* não cobertos pelos automobilistas serão em França de mais de 25 mil milhões de euros por ano, ou seja, mais do que o actual imposto interno sobre os produtos petrolíferos (TIPP) ([176]).

3) *Relocalizar as actividades*. Nomeadamente ao voltar a colocar em questão o volume considerável das deslocações de seres humanos e de mercadorias no planeta, tendo em linha de conta o seu impacto nefasto no ambiente.

4) *Restaurar a agricultura camponesa*, ou seja, encorajar uma produção o mais local, sazonal, natural e tradicional que for possível.

([176]) Gilles Rotillon, "L'économie de l'environnement définit un espace de négociation rationnel", *Cosmopolitiques*, n.13, Paris, Apogée, p. 91.

É preciso suprimir progressivamente o uso de pesticidas químicos alergénicos, neurotóxicos, imunodepressores, mutagénicos, cancerígenos, perturbadores endócrinos e, portanto, reprotóxicos (podendo provocar esterilidade) ([177]).

5) *Transformar os ganhos de produtividade em redução do tempo de trabalho e em criação de empregos*, enquanto persistir o desemprego.

Em França, em cerca de dois séculos, a produtividade horária do trabalho foi multiplicada por 30, a duração individual do horário de trabalho só se reduziu para metade e o emprego apenas foi multiplicado por 1,75, ao passo que a produção aumentou 26 vezes ([178]). Trata-se de inverter as prioridades: partilhar o trabalho e aumentar o lazer.

6) *Impulsionar a "produção" de bens relacionais*, como a amizade e o conhecimento, em que o meu "consumo" não diminui o *stock* disponível, muito pelo contrário.

"As trocas intelectuais", explica-nos Bernard Maris, "são fundamentalmente diferentes das trocas mercantis. Numa troca intelectual quem dá nada perde e o que recebe não retira nada ao interlocutor com o que ganha. O saber, o conhecimento e a arte podem ser assim partilhados e 'consumidos' por todos. O teorema de Pitágoras é utilizado por milhões de indivíduos e aplicado a milhares de funções sem que alguém dele fique privado. O conhecimento é um bem colectivo, um elixir de eterna juventude que podemos tomar em

---

([177]) Fabrice Nicolino e François Veuillerette, *Pesticides, révélations sur un scandale français*, Paris, Fayard, 2007.

([178]) Olivier Marchand e Claude Thélot [1997], citado por Thierry Paquot, *Terre urbaine*, *op. cit.*, p. 2006.

abundância sem provocar nos outros a menor frustração." ([179]) Dizia Raoul Follereau, "A felicidade é a única coisa que temos a certeza de possuir quando a transmitimos aos outros." É um "gozo do que não se compra": "os prazeres proporcionados por uma conversa animada, uma refeição tomada com amigos, um bom ambiente de trabalho, uma cidade onde nos sentimos bem, a participação nesta ou naquela forma de cultura (profissional, artística, desportiva, etc.) e, duma maneira mais geral, todo o leque das relações com os outros. A maioria destes 'bens', de que a vida em sociedade constitui a base por excelência, só existe quando é desfrutada em conjunto" ([180]). "Até o último lobo das estepes", insinua Jean-Paul Besset, "concordará: o 'relacional' constitui a melhor parte das alegrias (e das dores) da existência." ([181])

7) *Reduzir o desperdício de energia* a um quarto, em conformidade com os estudos da associação négaWatt ([182]).

8) *Penalizar fortemente as despesas em publicidade.*

Poderíamos inclusivamente aplicar literalmente a proposta de Nicolas Hulot: "Neste espírito, seria de estudar a possibilidade de interditar gradualmente toda a

---

([179]) Bernard Maris, *Antimanuel d'économie*, tomo 2, "Les cigales", *op. cit.*. p. 182.

([180]) François Flahaut, *Le Paradoxe de Robinson, Capitalisme et société*, *op. cit.*, p. 151.

([181]) Jean-Paul Besset, *Comment ne plus être progressiste... sans devenir réactionnaire*, *op. cit.*, p. 254.

([182]) Associação que reúne 110 especialistas e práticos que estudam a possibilidade de reduzir a um quarto as emissões de gases de efeito de estufa desde agora até 2050, em França, combinando a sobriedade energética (reduzir o desperdício) e a eficácia energética (melhorar os rendimentos).

publicidade durante os programas destinados às crianças, sobretudo as mensagens que valorizam produtos prejudiciais à sua saúde. O objectivo aqui é limitar o condicionamento dos telespectadores para consumir, numa idade em que não dispõem do distanciamento crítico necessário face às solicitações publicitárias." ([183])

9) *Decretar uma moratória no domínio das inovações tecnocientíficas*, fazer um balanço sério e reorientar a investigação científica e técnica em função de novas aspirações ([184]).

Trata-se de desenvolver, por exemplo, a "química verde", e não moléculas tóxicas, a medicina ambiental e não a exclusivamente genética, de favorecer as investigações em agrobiologia e agro-ecologia, e não em agro-indústria (OGM e outras quimeras vivas). A moratória deveria ser alargada, a montante, aos grandes projectos em infra-estruturas (Iter, auto-estradas, TGV, incineradoras, etc.) ([185]).

([183]) Nicolas Hulot, *Pour un pacte écologique, op. cit.*, p. 254. Por seu lado, os Verdes, no seu programa de 2007, propõem que se proíba a publicidade nas estações públicas de televisão (Pascal Canfin, *L'économie verte expliquée à ceux qui n'y croient pas, op. cit.*, p. 112).

([184]) Este último ponto vai ao encontro da preocupação de Cornelius Castoriadis: "Como definir um limite? Pela primeira vez numa sociedade não religiosa, temos de enfrentar a questão: deveremos controlar a própria expansão do conhecimento? E como fazê-lo sem cairmos numa ditadura sobre as mentes? Penso que podemos estabelecer alguns princípios simples: 1) Não queremos uma expansão ilimitada e irreflectida da produção, queremos uma economia que seja um meio e não a finalidade da vida humana; 2) Queremos uma expansão livre do saber mas [...] (com) *phronésis.* " "L'écologie contre les marchands", em *Une société à la dérive, op. cit.*, p. 238.

([185]) "É imperativo estabelecer urgentemente uma moratória na construção de novas incineradoras e na concessão de autorizações de

Proposto pela primeira vez em 2004, num artigo do *Le Monde Diplomatique*, a este programa juntam-se outras propostas feitas depois, como as do contrato ecológico de Nicolas Hulot e as 164 medidas do memorando do Appel de Paris ([186]). Nos dois casos, encontramos um diagnóstico das ameaças e a prescrição de remédios parecidos com os nossos e, para além disso, informação abundante e medidas concretas e detalhadas, fora do alcance dos nossos meios reduzidos, com que não podemos senão congratular-nos. Tudo isto se associa ou completa a maioria das medidas preconizadas pelos ecologistas, que se baseiam num imposto sobre as máquinas, na eliminação de impostos sobre o trabalho, em reformas fundiárias (reintroduzindo camponeses) e em obras públicas que favoreçam as economias de energia e de consumo dos recursos naturais ([187]). Podemos pensar também em financiar uma política do tempo escolhido com impostos elevados, do tipo IVA, sobre o consumo dos produtos cujos preços relativos continuem a diminuir.

Podemos retomar os projectos desejáveis à escala mundial, sobretudo fiscais, preconizados pela Attac.

- Fiscalidade financeira: "Introduzir um imposto sobre as transacções cambiais e bolsistas."
- Uma taxa adicional unitária sobre os lucros das empresas multinacionais para limitar o *dumping* fiscal.

---

co-incineração", memorando do Appel de Paris, citado por Dominique Belpomme, *Avant qu'il ne soit trop tard*, *op. cit.*, p. 257.

([186]) Vd. Dominique Belpomme, *ibid.*, 2007.

([187]) Fabrice Flipo, "Pour l'altermondisme. Une réponse à Isaac Johsua", documento da Internet (http://decroissance.free.fr/Reponse-Isaac_Johsua.rtf).

- Um imposto sobre a riqueza à escala mundial, a par da erradicação dos paraísos fiscais e da eliminação do segredo bancário.
- Uma taxa sobre as emissões de carbono.
- Uma taxa sobre os resíduos nucleares de longa duração e muito activos ([188]).

Tratando-se da protecção do ambiente, o escalão global é incontornável, porque a poluição ignora fronteiras. O problema da realização é ainda mais complexo, porque, de momento, é directa ou indirectamente no interior dos Estados que as coisas se passam.

No centro deste programa encontra-se a internacionalização das deseconomias externas (danos provocados pela actividade dum agente que faz recair o custo sobre a colectividade). Todas estas disfunções ecológicas e sociais – dos acidentes na estrada às despesas com medicamentos para o *stress* – poderiam e deveriam ser imputadas aos agentes que são responsáveis por elas, nomeadamente através de ecotaxas. Os três ingredientes "fomentadores do crime", denunciados na primeira parte, que são a publicidade, a obsolescência programada e o crédito, podem ser considerados externalidades negativas da sociedade do crescimento. Embora os seus efeitos nocivos sejam incomensuráveis, a taxação e o enquadramento permitiriam, apesar disso, reduzir o seu impacto. Esta política é de duplo abrandamento. Por um lado, reduz progressivamente a pegada ecológica e, por outro, fornece à colectividade recursos preciosos para amortecer o choque, proceder a investi-

---

([188]) Attac, *Pauvreté et inégalités, ces créatures du néolibéralisme, op. cit.*, pp. 186-187.

mentos de reconversão indispensáveis e minorar as disfunções inevitáveis geradas pelo novo curso das coisas. Por exemplo, desenvolver transportes públicos e ajudar os mais pobres, que são penalizados pelos grandes aumentos dos preços dos transportes.

Pensemos apenas no impacto no ambiente e na saúde de se internalizar os custos dos transportes ou no impacto no funcionamento das nossas sociedades da assunção da educação, da segurança, do desemprego, etc., pelas empresas! Em princípio, estas medidas "reformistas" estão de acordo com a teoria económica ortodoxa, tendo o economista liberal Arthur Cecil Pigou formulado o seu princípio no início do século XX ([189])! Pigou mostrou que, para se atingir o óptimo (o bem-estar máximo do conjunto dos consumidores e produtores), era necessário corrigir os preços mediante um sistema de taxas e subsídios: taxas para fazer incidir nos causadores dos danos os efeitos externos nefastos que impõem aos vizinhos e subsídios para os recompensar dos efeitos externos positivos. Este sistema deveria incitar os agentes económicos a tomar em consideração os efeitos sociais das suas decisões privadas e, consequentemente, orientá-las. Nascia assim o princípio do poluidor-pagador. "Sem mudar o que quer que fosse no sistema de mercado (contrariamente às regulamentações restritivas) e limitando-se a corrigi-lo com um sistema de taxas, seria possível", segundo Denis Clerc, "fazer coin-

---

([189]) "Teoricamente, na economia de mercado, as 'externalidades' devem ser internalizadas, seja através duma taxa, seja através de direitos de propriedade, após o que os mecanismos de mercado conduzem a uma situação socialmente preferível", Catherine Aubertin e Franck-Dominique Vivien (orgs.), *Le Développement durable. Enjeux politiques, économiques et sociaux*, Paris, La Documentation Française, 2006, p. 64.

cidir os interesses privados e o interesse social (ou geral)." ([190]) É também neste princípio que se baseia o pacto biológico de Nicolas Hulot. Só que, se fossem levadas às últimas consequências, estas medidas provocariam uma verdadeira revolução e permitiriam realizar na sua quase totalidade o programa duma sociedade do decrescimento. É claro que as empresas que obedecem à lógica capitalista seriam muito desencorajadas e um grande número de actividades deixariam de ser "rentáveis". O sistema ficaria então bloqueado. Por exemplo, segundo o Centro Internacional para a Avaliação da Tecnologia (International Center for Technology Assessment), nos Estados Unidos, se os custos invisíveis do combustível fossem incluídos – acidentes na estrada, poluição do ar, custos de funcionamento das bases militares para impedir os povos dos países produtores de deter o controlo do seu próprio petróleo, subsídios às companhias petrolíferas –, o preço do combustível saltaria para 14 dólares o galão, em vez de um dólar, como actualmente ([191]). Com este preço, já não haveria aviação civil e certamente também não haveria muitas das viaturas que circulam nas estradas.

Outra maneira de proceder à internalização das externalidades negativas geradas pelo sistema seria simplesmente obrigar as empresas a assumir na totalidade os riscos e os danos que obrigam a sociedade a suportar. Já sabemos que nenhuma companhia de seguros aceita

---

([190]) "Peut-on faire l'économie de l'environnement?", *Cosmopolitiques*, nº 13, Apogée, 2006, p. 15.

([191]) *Sierra Magazine*, Abril de 2002, citado por Derek Rasmussen, "Valeurs monétisés et valeurs non monétisables", em *Interculture*, nº 147, Outubro de 2004, Montreal, "Le terrorisme de l'argent I", p. 19.

assumir os riscos associados à energia nuclear, ao clima, aos OGM e às nanotecnologias ([192]). Podemos imaginar a paralisia que seria provocada pela obrigação de cobrir os riscos para a saúde, os sociais (desemprego) e até os estéticos.

É evidente que o político que propusesse um tal programa e que, uma vez eleito, o aplicasse seria assassinado na semana seguinte. Num discurso pronunciado na ONU, em Dezembro de 1972, o presidente Salvador Allende, assassinado alguns meses mais tarde precisamente por ter aplicado uma política infinitamente menos subversiva do que a que propomos, apresentava com rara lucidez uma explicação que é mais do que nunca actual: "O drama da minha pátria é o de um Vietname silencioso. Não há tropas de ocupação, nem aviões nos céus do Chile. Mas enfrentamos um bloqueio económico e estamos privados de créditos pelos organismos de financiamento internacionais. Estamos confrontados com um verdadeiro conflito entre as multinacionais e os Estados. Estes já não controlam as suas decisões fundamentais, políticas, económicas e militares, por causa das multinacionais, que não dependem de nenhum Estado. Elas operam sem assumir as suas responsabilidades e não são controladas por nenhum parlamento, nem nenhuma instância representativa do interesse geral. Numa palavra, é a estrutura política do mundo que está abalada. As grandes empresas multinacionais prejudicam os interesses dos países em desenvolvimento. As suas actividades dominadoras e incontroláveis prejudicam também os países industrializados onde

---

([192]) Também excluíram os riscos eventuais para a saúde provocados pelas ondas electromagnéticas dos telemóveis.

se instalam." ([193]) E em 1972 ainda não se falava de "globalização".

Sofremos o poder real da oligarquia plutocrática que domina o mundo e cujos *lobbies* são a expressão mais visível. Os poderes públicos, as administrações e os próprios centros de investigação estão mais ou menos às ordens deste complexo que é agora mundial. Recordemos que, por pressão dos interesses económicos, muitos alertas lançados pelos cientistas (amianto, aflatoxina, fipronil e imidacloprida, heparina, campos electromagnéticos, dioxina, perturbadores endócrinos, etc.) foram abafados pelas agências governamentais, cortando o financiamento aos laboratórios envolvidos e até demitindo das suas funções os cientistas responsáveis (eventualmente com a cumplicidade dos sindicatos para "proteger" os empregos) ([194]).

O programa duma política nacional de decrescimento parece ser paradoxal. Propostas realistas e razoáveis têm poucas probabilidades de ser aplicadas, e menos ainda de ter êxito, sem uma subversão total. Esta pressupõe uma mudança do imaginário que apenas a realização da utopia fecunda da sociedade autónoma e convivial está em condições de gerar.

Portanto, não faltam perspectivas, nem soluções, mas as condições de sua aplicação. Podemos conceber vários cenários de transição gradual com medidas muito progressistas das reduções necessárias. O importante é a mudança radical da orientação. É necessário, portanto, criar as condições duma tal mudança. A elaboração

---

([193]) Citado por Bernard Langlois no seu bloco-notas de *Politis*, em 14 de Dezembro de 2006.

([194]) André Cicolella e Dorothée Benoit-Browaeys, *Alertes santé*, Paris, Fayard, 2005.

aprofundada do projecto visa precisamente favorecer estas condições.

Do trabalho para todos numa sociedade do decrescimento

À "esquerda", a crítica mais dura por parte dos adversários do decrescimento centra-se no abandono do pleno emprego que o nosso projecto implicaria ([195]). Obrigados, neste contexto, a ser "realistas", quais são as soluções que os objectores do crescimento, "estes filhos de ricos", segundo um jornalista do *Le Monde*, sugerem então que se apresente para o problema do desemprego ([196])?

Para os "objectores do crescimento", estando excluído o relançamento através do consumo e, portanto, também através do crescimento, é necessária uma redução brutal do tempo de trabalho imposto, não só para abandonar o modelo "trabalhista" do crescimento, mas também para garantir a todos um emprego satisfatório, a fim de obter (no caso da França) a necessária redução de dois terços no nosso consumo de recursos naturais. Daí esta diferença – aparente – de nível de realismo e de temporalidade, entre as nossas propostas e as dos

([195]) "Jean-Marie Harribey", nota justamente Paul Ariès, "critica-nos fundamentalmente quatro coisas: decrescer sem abandonar o capitalismo, decrescer sem limites, não ver que é possível uma economia diferente do capitalismo e renunciar à perspectiva do pleno emprego", Paul Ariès, *Décroissance ou barbárie*, Lyon, Golias, 2005, p. 87.

([196]) "É necessário tomar a doutrina do decrescimento pelo que ela é: [...] uma fantasia de filhos de ricos perfeitamente egoístas", Pierre-Antoine Delhommais, *Le Monde* de 30 de Julho de 2006.

"relançadores": apesar da grande necessidade existente, não se suprimirão de um dia para o outro todos os pesos pesados que procedem ao transporte dos nossos *consumos excessivos* (mas também uma parte importante do nosso consumo), ou seja, nada mais nada menos do que o parque automóvel e a frota aérea. É necessário tempo para relocalizar a produção, as trocas e os modos de vida. Isso é uma evidência. Mas trata-se dum desafio, porque, apesar da urgência social e de esta poder lançar a desordem no formigueiro político, a política ecológica não pode ser remetida para o longo prazo. Tem de se começar hoje e prever as suas etapas, ao mesmo tempo que se mantém o seu rumo. Aliás, independentemente dos avisos dos nossos detractores, a política ecológica não tem qualquer dificuldade em integrar a política social. Ela é mesmo a condição duma mudança que não se limite a uma mera reparação superficial do sistema. "Não se pode resolver a crise ambiental sem resolver os problemas sociais", dizia Michel Bookchin em 1990. Sem dúvida, mas actualmente a recíproca é ainda mais verdadeira: não se poderá resolver o problema social sem resolver a crise ecológica ([197]).

No que diz respeito ao emprego, alguns "objectores de crescimento" referem-se aos "nossos antepassados, que, para sobreviver, trabalhavam arduamente e sobretudo penosamente". Pensam até que, longe de criar desemprego, o decrescimento exigiria um aumento da duração do trabalho e criaria excesso de emprego ([198]).

([197]) "*We cannot solve the environmental crisis without solving social problems.*"

([198]) Vincent e Denis Cheynet, "La décroissance pour l'emploi", *La Décroissance*, nº 3, Julho de 2004. Esta referência ao passado levanta problemas: de que antepassados falamos? Os da Idade da Pedra, tal

O abandono do produtivismo e da exploração dos trabalhadores do Sul geraria mais trabalho para satisfazer um nível de consumo final equivalente (conseguido eventualmente com uma forte redução do consumo intermédio) ([199]). Segundo um estudo da Fédération nationale des agriculteurs *bio*, poderiam ser criados 90 000 empregos em França, se o seu número passasse dos infelizes 2% actuais a 9%, como na Áustria. Com 15%, seriam criados entre 120 000 e 150 000 empregos ([200]). O fim do petróleo também deveria condenar-nos a contratar mais empregados. Os combustíveis fósseis (petróleo e gás natural) asseguram actualmente 80% do consumo mundial de energia primária. Contendo um barril de petróleo o equivalente energético a 25 000 horas de trabalho humano (ou, mais exactamente, 10 000 horas, tendo em consideração o rendimento das melhores máquinas conversoras de combustível em trabalho mecânico), o nosso consumo quotidiano de hidrocarbonetos equivale ao trabalho quotidiano de mais de 3 mil milhões de seres humanos,

---

como esta é analisada por Marshall Sahlins no seu famoso livro *Âge de Pierre, âge d'abondance* (Gallimard, 1976), contentavam-se com três ou quatro horas de "trabalho" por dia para garantir a vida do grupo. Sem ir tão longe, mil horas por ano era a norma até ao início do século XVIII, segundo Gorz (André Gorz, *Capitalisme, socialisme, écologie, op. cit.*, p. 179). Ora, 1000 horas por ano representa 20 horas por semana, em média, ou seja, mais ou menos as cadências do Neolítico, que não eram propriamente infernais...

([199]) Dominique Vérot, da Fédération nationale de l'agriculture biologique, estima em 30% a mão-de-obra suplementar por hectare cultivado em relação à agricultura tradicional, mas com um rendimento de cerca de metade, donde a necessidade de 2,5 vezes mais mão-de-obra. Eva Sas, "Conversion écologique de l'économie: quel impact sur l'emploi?", *Cosmopolitiques*, nº 13, *op. cit.*, p. 188.

([200]) Pascal Canfin, *L'Économie verte, op. cit.*, p. 107.

"como se cada pessoa na Terra tivesse à sua disposição 50 escravos" ([201]).

Se a França aplicasse a directiva europeia e produzisse 20% da sua electricidade a partir de energias renováveis, como a solar ou a eólica, isso criaria 240 000 empregos ([202]). Um documento publicado em 2005 pela Comissão Europeia mostra que cada milhão de euros investido na eficácia energética cria 12 a 16 empregos a tempo inteiro, contra 4,5 numa central nuclear e 4,1 num central a carvão ([203]). Ou seja, custa duas vezes menos economizar um quilowatt-hora do que produzi-lo.

Estamos portanto em presença de quatro factores que actuam em sentidos diversos: 1) a baixa de produtividade incontestável, devido ao abandono do modelo termo-industrial, de técnicas poluidoras e de equipamentos energívoros; 2) a relocalização das actividades e o fim da exploração do Sul; 3) a criação de empregos (verdes) em novos sectores de actividade; 4) a mudança de modo de vida e a supressão das *necessidades* inúteis ("emagrecimentos" importantes na publicidade, no turismo, nos transportes, na indústria automóvel, nos agronegócios, nas biotecnologias, etc.). Os três primeiros actuam no sentido do aumento da quantidade do trabalho, o último em sentido contrário. A satisfação

---

([201]) Yves Cochet, *Pétrole apocalypse*, *op. cit.*, pp 192 e 139. "Um motor a gasolina de potência média pode transformar as 10 000 kcal dum litro de combustível em 2,3 kWh de energia mecânica para accionar a tupia duma betoneira ou a cambota duma viatura, o que corresponde a mais de quatro dias de trabalho muscular humano ordinário", *ibid.*, p. 91.

([202]) Pascal Canfin, *op. cit.*, p. 19.

([203]) Comissão Europeia, "Livre vert de l'efficacité énergétique", Junho de 2005.

das necessidades duma arte de viver convivial para todos pode realizar-se com uma diminuição importante do tempo de trabalho obrigatório, de tal forma são importantes as "reservas", porque, durante séculos, os ganhos de produtividade foram sistematicamente transformados em crescimento do produto, e não em decréscimo do esforço. Também não devemos esquecer a sobrestimação sistemática dos ganhos de produtividade das inovações técnicas, a que não são deduzidos os custos menos visíveis. Simetricamente, subestima-se o potencial de ganhos de produtividade dos instrumentos conviviais ([204]). É razoável pensar que, após uma queda brutal da produtividade global devido ao abandono das técnicas tóxicas, poder-se-á contar com ganhos de produtividade modestos, mas regulares, sobretudo na ecoeficiência. Esta permitiria, pelo menos em teoria, uma transição suave. É claro que se pode discutir e elaborar diversos modelos de simulação. De qualquer modo, uma sociedade do decrescimento deveria oferecer empregos assalariados produtivos a todos os que o desejassem, e não transformar, de maneira mais ou menos artificial, actividades não mercantis em trabalho assalariado e multiplicar os empregos parasitários ou servis.

Aliás, numa primeira fase, é também possível que uma política de decrescimento se traduza paradoxalmente num crescimento da produção ao nível macroeconómico, devido à procura dirigida para produtos e equipamentos ecológicos e de todas as profissões necessárias.

([204]) Assim, "ao ajustar convenientemente um rolamento de esferas entre duas pequenas mós de pedra pré-históricas, um índio pode moer actualmente tantos grãos num dia quanto os seus antepassados numa semana", Ivan Illich, *Énergie et équité*, em *Œuvre complètes*, volume 1, Paris, Fayard, 2004, p. 419.

Lester Brown aponta nove sectores produtivos que deveriam ser desenvolvidos numa economia "solar", ou seja, baseada nas energias renováveis: a construção dos geradores eólicos e das turbinas correspondentes, a produção de células fotovoltaicas, a indústria de bicicletas, a produção de hidrogénio e de motores associados, a construção de metropolitanos ligeiros, a agricultura biológica e a reflorestação. A montante e a jusante deveriam desenvolver-se novas profissões, desde especialistas em floresta a ecoarquitectos ([205]).

As reduções, a reutilização, a reparação e a reciclagem, relacionadas com o abandono da obsolescência programada, também farão nascer novas actividades, diferentes das propostas pelos antiliberais reconhecidas da esquerda tradicional, que pretendem construir hospitais e escolas para *salvar* os empregos. Não se trata duma "retoma" global cega. E menos do que a atonia do consumo, é antes o consumo excessivo ou o hiperconsumo que constitui o inimigo principal. Todavia, o decrescimento não é um dogma rígido, mas um questionamento de lógica do crescimento pelo crescimento. Por isso, para além da redução do tempo de trabalho e da diminuição das actividades nocivas, a expansão de novas actividades desejáveis poderia gerar um saldo positivo dos empregos.

Podemos imaginar uma transição mais ou menos longa durante a qual os ganhos de produtividade serão transformados em redução do tempo de trabalho e em criação de empregos, sem prejudicar os salários (pelo menos no caso dos mais baixos), nem a produção final, excepção feita à transformação do seu conteúdo. A pas-

---

([205]) Lester R. Brown, *Eco-économie: une autre croissance est possible, écologique et durable*, Paris, Le Seuil, 2003.

sagem pode fazer-se de forma indolor, mas importa sobretudo não transigir nos objectivos. Ao mudar a vida, resolver-se-á o problema do desemprego, ao passo que, centrando-nos no problema do emprego em si mesmo nos arriscamos a nunca mudar de sociedade e a ir contra a parede.

Sair da sociedade "trabalhista" através do decrescimento

A redução drástica do tempo de trabalho constitui uma primeira protecção contra a flexibilidade e a precariedade. No colimador dos liberais, o direito ao trabalho, por ser uma fonte de rigidez, deve ser mantido e reforçado. Ele pode apenas facilitar o necessário decrescimento. É preciso defender os limites mínimos de salários decentes contra a teoria dos economistas do desemprego voluntário, que não passa duma impostura. O *regresso* à "desmercantilização" do trabalho é um imperativo. O jogo actual de quem, numa adjudicação, faz a menor oferta social é tão inaceitável quanto o de quem faz a menor oferta ecológica ([206]). Em 1946, um assalariado de 20 anos contaria trabalhar um terço da sua vida, em 1975, apenas um quarto, e, actualmente, menos dum quinto. Teremos por isso a sensação de estarmos libertos do trabalho? Provavelmente, menos que nunca. Como diz Bernard Maris, "para os assalariados, não é o fim do trabalho, como a baixa tendencial das horas no seu posto pareceria indicar, mas, pelo contrário, o trabalho sem fim, a precariedade, o isolamento,

([206]) Sobre este ponto, remetemos o leitor para os desenvolvimentos que dedicámos ao assunto em *Justice sans limites*, *op. cit.*, e sobretudo para o capítulo 6.

o *stress*, o medo e a certeza de ter de abandonar o seu emprego muito rapidamente." ([207])

A redução do tempo de trabalho e a alteração do seu conteúdo são, portanto, antes de mais, escolhas da sociedade, consequência da revolução cultural suscitada pelo decrescimento. Fazer aumentar o tempo livre de obrigações laborais para permitir o desenvolvimento pessoal dos cidadãos na vida política, privada e artística, ou também no jogo ou na contemplação, é a condição duma nova riqueza. Já dizia Gabriel Tarde: "O lugar que as necessidades reduzidas deixaram no coração ocupam-no os talentos, talentos artísticos, poéticos e científicos, multiplicados e mais enraizados a cada dia que passa." ([208])

A questão fundamental não é, portanto, o número exacto de horas necessário, mas o lugar do trabalho como "valor" na sociedade. A perda de referências, desde há alguns anos, não deixa de perturbar os profissionais políticos da esquerda, entre as profecias da metamorfose ou do fim do trabalho ([209]) e a reactivação surrealista da ideologia "trabalhista". O mesmo erro ocorre quanto à idade de reforma: após a voga das saídas antecipadas, a tendência é para o prolongamento ([210]). Da

---

([207]) Bernard Maris, *Antimanuel d'économie*, tomo 2, *op. cit.*, p. 109.

([208]) Gabriel Tarde, *Fragment d'histoire future* (1896), Genebra, Slatkine, 1980, p. 92.

([209]) Vd. André Gorz, *Métamorphoses du travail, Quête de sens. Critique de la raison économique*, Paris, Galilée, 1988; Jeremy Rifkin, *La fin du travail*, Paris, La Découverte, 1996. Dominique Méda, *Le Travail. Une valeur en voie de disparition*, Paris, Alto/Aubier, 1995; Jacques Robin, *Quand le travail quitte la société postindustrielle*, Paris, GRITT-éditeur, 1994.

([210]) Segundo o relatório europeu de Wim Kok (2003), "Trabalhar após os 60 anos deve passar a ser a norma" (citado por Christophe Ramaux, *Emploi: éloge da la stabilité. L'État social contre la flexicurité*, Paris, Mille et une nuits, 2006, p. 89).

denúncia do regresso a Speenhamland com o RMI (rendimento mínimo de inserção ([211])) à reivindicação de direita ou de esquerda dum "rendimento de cidadania", passando pelo ataque frontal às "35 horas", a sociedade francesa (quer de direita quer de esquerda), tal como todas as outras sociedades ocidentais, oferece o espectáculo duma grande confusão sobre a questão do trabalho.

O decrescimento, por seu lado, implica quer a redução quantitativa, quer a transformação qualitativa do trabalho. Alguns já conseguiram individualmente abandonar desta maneira a sociedade "trabalhista". Estas experiências podem indicar uma via, na condição de se resistir à engrenagem da acumulação ilimitada e de se abster do ciclo infernal das necessidades e do rendimento. É o que o Repas (Réseau d'échange des pratiques alternatives et solidaires) tenta mostrar ([212]). Trabalhar menos e doutra forma pode querer dizer reencontrar o gosto do lazer e recuperar a abundância perdida das sociedades de caçadores-recolectores analisada por Marshall Sahlins ([213]). Autolimitar-se é, de alguma maneira, tornar-se "objector de crescimento". É a realização das condições objectivas desta mudança à escala da sociedade que a construção duma sociedade do decrescimento deve estabelecer como objectivo.

([211]) Este rendimento, equivalente a meio SMIC (salário mínimo interprofissional de crescimento), é concedido na condição de se procurar reinserção nos activos sem emprego. Speenhamland – do nome da localidade onde surgiu – designa o sistema de subsídios concedidos aos trabalhadores pobres da Inglaterra antes de 1830 e julgado contraproducente.

([212]) Vd. nas éditions Repas, Michel Lulek, *Scions...travaillait autrement? Ambiance bois, l'aventure d'un collectif autogéré*, 2003; Béatrice Barras, *Moutons rebelles: Ardelaine, la fibre du développement local*, 2002.

([213]) *Âge de Pierre, âge de l'abondance, op. cit.*

"Mudar a vida" (lema dos socialistas, em 1981) ou trabalhar em prol de "um outro mundo" (lema de Attac, em 2002) é realizável agora, mas não com as velhas receitas e não sem ruptura. Os compromissos possíveis quanto aos meios da transição não devem fazer perder de vista os objectivos em relação aos quais não se pode transigir. O fracasso relativo das "35 horas" foi consequência da ausência desta determinação. É igualmente instrutivo voltar a considerar as razões do fracasso do programa do Partido Social-Democrata Alemão (SPD) de 1989. Este programa pretendia "a redução da duração semanal para 30 horas em cinco dias, a que se juntava o direito a um ano sabático e às licenças (pagas) adicionais para os pais de crianças de tenra idade e para prestar auxílio a pessoas que necessitassem de cuidados" ([214]), ou seja, em média, 1000 horas de trabalho por ano. Aplaudia também sem rodeios o decrescimento: "É necessário que decresça e desapareça o que ameaça as bases naturais da vida" ([215]), onde se incluem o nuclear e, em parte, a viatura privada. Este programa apoiava-se na ideia de que racionalidade ecológica e racionalidade económica (portanto capitalista) convergiam, com as famosas estratégias *win-win* (em que todas as partes ganham). "A longo prazo", diz-se, "o que não é ecologicamente razoável não deverá ser economicamente racional [...]. As necessidades ecológicas devem tornar-se princípios de base da actividade económica. Se nos empenharmos a tempo na modernização ecológica, aumentaremos as nossas possibilidades

---

([214]) André Gorz, *Capitalisme, socialisme, écologie*, *op. cit.*, p. 83.

([215]) *Ibid.*, p. 91. Evidentemente, "é preciso que cresça o que consolida as bases da vida, melhore a sua qualidade [...], favoreça a autodeterminação e as actividades autónomas de criação."

de conquistar os mercados de amanhã e melhoraremos a competitividade da nossa economia." ([216]) Indubitavelmente, é neste desejo de não pôr em causa a lógica capitalista que reside a causa do fracasso. Comenta Gorz: "Seria ilusório pensar e paradoxal esperar que a racionalidade ecológica possa compensar o decrescimento e a conversão das indústrias clássicas, empregando numa 'economia do ambiente' a mão-de-obra e os capitais economizados noutros sectores. Para muitas empresas, a conversão ecológica pode ser um motor de crescimento durante o período de transição, mas tal não pode ser o objectivo a longo prazo do ponto de vista macroeconómico. [...] Trata-se aqui duma política incontornável, que não deve ser apresentada como uma escolha motivada pela oportunidade económica." ([217]) Por fim, para além dalguns avanços notáveis no plano ecológico na Alemanha e de algumas conquistas sociais em França (o RMI, as 35 horas), nem na Europa social nem na Europa ecológica se registou o mínimo início de realização, apesar duma maioria de governos de esquerda.

Resta precisar o conteúdo desta política do tempo liberto. Em 1962, o sociólogo Joffre Dumazedier publicou um estudo pioneiro, "Vers la société du loisir?" [Para uma sociedade de lazer?], em que examinava em detalhe as três funções do lazer: o relaxamento, o divertimento e o desenvolvimento (pessoal). Toda a sua construção se baseava na hipótese do "sujeito autónomo". Ora, nessa mesma época, Henri Lefebvre mostrava bem que "já não é pelo, no e com o trabalho que se constrói", na "sociedade burocrática de consumo dirigida",

---

([216]) Citado por André Gorz, *ibid.*, p. 92.
([217]) *Ibid.*, p. 93.

"o sentido da vida", mas sim "a vida desprovida de sentido" ([218]).

Sem um "reencantamento" da vida, o decrescimento estaria também neste caso votado ao fracasso. Permanece a necessidade de voltar a dar sentido ao tempo liberto. Enquanto o trabalho assalariado não for transformado, as classes laboriosas não terão "aptidão para o lazer", quer dizer, "os meios objectivos e subjectivos de ocupar o tempo liberto em actividades autónomas" ([219]). Daniel Mothé mostra-o: nas condições actuais, o tempo liberto do trabalho não passa a ser apenas por isso liberto da economia. A maior parte do tempo livre não conduz a uma reapropriação do tempo da existência e não constitui um abandono do modelo mercantil dominante. O tempo continua a ser muitas vezes utilizado em actividades que ainda são mercantis, que não permitem ao consumidor assumir a via da autoprodução. Ele é desviado para uma via paralela. O tempo livre profissionaliza-se e industrializa-se cada vez mais ([220]). Sair do sistema produtivista e "trabalhista" actual supõe uma organização completamente diferente em que o lazer e o jogo sejam tão valorizados como o trabalho, em que as relações sociais primem sobre a produção e o consumo de produtos descartáveis inúteis e até prejudiciais. Escreve François Brune: "Fundamentalmente, é com uma reconquista do tempo pessoal que nos confrontamos. Um tempo qualitativo. Um tempo que cul-

---

([218]) Henri Lefebvre, *La Vie quotidienne dans le monde moderne* (1968), citado por Thierry Paquot, *Éloge de base. De l'utilité de l'inutile*, Paris, Bourin éditeur, 2005, p. 29.

([219]) Rainer Land, citado por André Gorz, *op. cit.*, p. 121.

([220]) Daniel Mothé, *L'utopie du temps livre*, Pari, Esprit, 1997 (aqui segundo a edição italiana, *L'utopia del tempo libero*, Turim, Bollati Boringhieri, 1998).

tive a lentidão e a contemplação, ao ficar liberto do pensamento do produto." Para retomar Hannah Arendt, não só as duas componentes recalcadas da *vita activa*, ou seja, a obra do artesão ou do artista e a acção propriamente política, recuperariam o seu direito de cidadania, a par do trabalho, mas também a *vita contemplativa* seria reabilitada. Segundo André Gorz, é necessário "uma *política do tempo* que englobe o planeamento do quadro de vida, a política cultural, a formação e a educação e que refaça os serviços sociais e os equipamentos colectivos de maneira a dar um maior espaço às actividades autogeridas, de ajuda mútua, de cooperação e de autoprodução voluntárias" ([221]). Talvez seja em relação a este ponto que a divergência de "sensibilidades" entre os nossos críticos e nós seja mais notória. Salvar o emprego a qualquer preço, tal como nos propõe Christophe Ramaux e, de maneira mais atenuada, Fean-Marie Harribey, traduz, na maior parte dos casos, tenha-se ou não consciência disso, um apego visceral à sociedade "trabalhista". Ora, não se trata de a salvar, mas de a deixar para trás. A propaganda "trabalhista" conseguiu vencer a um tal ponto que as suas vítimas rejuvenesceram ao redefinirem o "verdadeiro" trabalho como actividade criadora – utilizando o exemplo da mulher "em trabalho" de parto –, separando-o assim do salariato a que está historicamente ligado ([222]). Chega-se

---

([221]) André Gorz, *Capitalisme, socialisme, écologie*, *op. cit.*, p. 127.

([222]) Há quem tente desesperadamente "salvar o trabalho", redefinindo-o de maneira ideal e esquecendo o trabalho "realmente existente". Esta é a posição de Alain Soupiot. Não foi por acaso que esta posição me foi contraposta num debate com os Verdes sobre o tema "salvar o desenvolvimento". Na verdade, o combate e os desafios são os mesmos. Vd. Dominique Méda, "Notes pour en finir vraiment avec la 'fin du travail'", *Revue du MAUSS*, nº 18.

mesmo a lamentar que o trabalho não tenha alargado suficientemente o seu império e a sua influência sobre a vida e que o "trabalho" de casa ou de beneficência não seja tido em consideração e até remunerado.

Usando a alquimia mercantil, a economia mostrou-se muitas vezes capaz de *ao crescimento juntar o emprego* e dar origem a um crescimento efectivo dos valores monetários, mas sem crescimento da satisfação e até com diminuição desta.

Por um lado, incorporando o transporte, a embalagem, a publicidade e a marca, foi possível aumentar enormemente o preço da molécula farmacêutica, do iogurte, da água e de todos os alimentos, sem melhoria dos seus desempenhos ([223]). Ora, este crescimento factício de valor consome uma quantidade considerável de energia (transportes) e de materiais diversos (embalagens, conservação, publicidade, etc.) e é precisamente na redução destes consumos intermédios que deve incidir prioritariamente o esforço do decrescimento. Quase desesperadas, as tentativas actuais de aumentar ainda mais os valores mercantis num planeta esgotado (aquacultura, OGM e energia nuclear, por exemplo) têm um impacto ecológico que é catastrófico. É evidente que criam empregos (muitas vezes mal pagos), mas poderia obter-se a mesma satisfação final com uma redução

---

([223]) "Nos Estados Unidos", relata Bertrand de Jouvenel, "o consumo alimentar *per capita*, medido a preços constantes, teria aumentado 73% de 1909 até 1957. Ora, segundo os cálculos do Departamento de Agricultura, o crescimento do consumo fisiológico foi, no máximo, de 12% a 15%, ou seja, segundo a análise de Kuznets, pelo menos quatro quintos do progresso aparente do consumo de alimentos reflectiram, na verdade, o crescimento dos serviços de transporte e de distribuição afectos aos alimentos", B. de Jouvenel, *Arcadie, Essais sur le mieux-vivre*, Paris, Sedeis, 1968, p. 178.

drástica do tempo de trabalho e uma grande redução da pegada ecológica.

Por outro lado, "à força de monetarizar, de profissionalizar e de transformar em empregos as raras actividades de autoprodução e de auto-serviço que ainda pessoalmente assumimos, não estaremos a reduzir, interroga-se André Gorz, até finalmente a destruir, a capacidade de sermos responsáveis por nós mesmos, minando assim, não só os fundamentos da autonomia existencial, mas também os da socialidade vivida e do tecido relacional" (224)? Os diversos artifícios para converter as actividades em trabalho, com o pretexto de "criar emprego", juntam-se assim aos usados para contabilizar doutro modo os desempregados nas estatísticas, fazendo-os desaparecer. "Poderia não haver limites à criação de emprego", acrescenta Gorz, "se conseguíssemos transformar em prestação de serviços retribuídos as actividades que as pessoas assumiram por si mesmas até hoje." (225) "Actualmente, a criação de empregos depende sobretudo não da actividade *económica*, mas da actividade *anti-económica*, não da substituição *produtiva* do trabalho de autoprodução privada pelo trabalho assalariado, mas da sua substituição *contraprodutiva*." (226) É a criação duma nova dependência, duma nova servidão. Vemos aqui toda a ambiguidade dos serviços pessoais com que nos enchem os ouvidos!

Pelo contrário, redescobrir a qualidade fora da lógica mercantil faz diminuir os valores económicos. Por

---

(224) André Gorz, *Capitalisme, socialisme, écologie*, *op. cit.*, p. 65. E acrescenta: "Poderemos salvar a sociedade salarial ao multiplicar os empregos que os pais fundadores da economia política consideravam improdutivos?", *ibid.*

(225) *Ibid.*, p. 63.

(226) *Ibid.*

exemplo, vê-se bem que ao produzir pessoalmente fora do mercado se reduz não só a pegada ecológica, mas também o PIB, ao mesmo tempo que se desenvolve uma certa forma de satisfação pessoal. É por esta razão que a reivindicação de alguns altermundialistas de multiplicar os empregos de serviços para lutar contra o desemprego é uma boa falsa ideia ([227]).

Esta reconquista do tempo "livre" é uma condição necessária da descolonização do imaginário. Diz respeito também aos operários e aos assalariados, e não só aos quadros stressados, aos patrões acossados pela concorrência e às profissões liberais apertadas no torno da compulsão ao crescimento. Podem passar de adversários a aliados na construção duma sociedade do decrescimento.

Será o decrescimento solúvel no capitalismo?

É possível o decrescimento sem abandonar o capitalismo? Esta questão aparece praticamente em todos os debates públicos. Com o pretexto de que denunciamos a mundialização e o crescimento sem os considerar explicitamente e sempre como ultraliberais e capitalistas, alguns críticos acusam-nos de nos acomodarmos à exploração capitalista ([228]). Na verdade, acusam-nos de

([227]) Chega-se ao cúmulo da lapalissada de Attali e Champain: "Considerar a procura de emprego uma actividade teria como consequência suprimir o desemprego." Christophe Ramaux comenta: "Era preciso que alguém o dissesse, e os nossos dois autores ousaram fazê-lo", "Changer de Paradigme pour supprimer le chômage", Fondation Jean-Jaurès, Novembro de 2005.

([228]) É a primeira das quatro críticas dirigidas por Jean-Marie Harribey ao decrescimento (vd. nota 195, p. 107).

deitar fora a água suja do capitalismo e do liberalismo com o bebé do desenvolvimento, do crescimento e da economia. Ou seja, recusamos "salvar" o fantasma *doutra* economia, *doutro* crescimento, *doutro* desenvolvimento, (à escolha: keynesianos, públicos, socialistas, humanos, sustentáveis, limpos, etc.).

A resposta tradicional duma certa extrema-esquerda consiste, de facto, em atribuir a uma entidade, "o capitalismo", a fonte de todos os bloqueios, de todas as nossas impotências e, deste modo, em definir onde se situa a cidadela a destruir. Na verdade, colocar uma máscara no adversário é hoje em dia problemático, porque as entidades económicas, tal como as empresas multinacionais, que detêm realmente o poder, são, por sua própria natureza, incapazes de o exercer directamente. Por um lado, o Big Brother é anónimo e, por outro, a servidão dos súbditos é mais *voluntária* do que nunca, sendo a manipulação da publicidade comercial infinitamente mais insidiosa do que a da propaganda política. Nestas condições, como afrontar "politicamente" a megamáquina?

Se não insistimos na crítica específica ao capitalismo é por nos parecer inútil forçar uma porta aberta. Esta crítica foi feita, e bem, no essencial, por Karl Marx. Todavia, não basta pôr em causa o capitalismo. Também toda a sociedade do crescimento deve ser posta em causa. Neste aspecto, Marx falha. Pôr em causa a sociedade do crescimento implica pôr em causa o capitalismo, mas a inversa não é evidente. Capitalismo mais ou menos liberal e socialismo produtivista são duas variantes dum mesmo projecto de sociedade do crescimento baseado no desenvolvimento das forças produtivas, que se considera favorecer a marcha da humanidade em direcção ao progresso.

Por não incluir os condicionamentos ecológicos, a crítica marxista da modernidade fica diminuída por uma grande ambiguidade. A economia capitalista é criticada e denunciada, mas o crescimento das forças que desencadeia é considerado "produtivo" (quando elas são destrutivas pelo menos em igual medida). No fim de contas, este crescimento, quando considerado sob o ângulo do trio produção/emprego/consumo, vê serem-lhe creditados todos, ou quase todos, os benefícios, mas quando considerado da perspectiva da acumulação de capital, é tido por responsável por todos os flagelos: a proletarização dos trabalhadores, a sua exploração e a sua pauperização, sem falar do imperialismo, das guerras, das crises (incluindo, evidentemente, as ecológicas), etc. A transformação das relações de produção (que é aquilo em que consiste a revolução necessária e desejável) fica assim reduzida a uma inversão mais ou menos violenta do estatuto dos beneficiários de direito na repartição dos frutos do crescimento. A partir daí, é possível perder-se em argumentações sobre o seu conteúdo, mas não pôr em causa o seu princípio.

Sendo o crescimento e o desenvolvimento, respectivamente, crescimento da acumulação de capital e desenvolvimento do capitalismo, o decrescimento não pode deixar de ser uma diminuição da acumulação, do capitalismo, da exploração e da predação. Trata-se não só de diminuir o ritmo da acumulação, mas também de pôr em causa o conceito para inverter o processo destrutivo ([229]).

([229]) É lamentável, e talvez mesmo trágico, que a relação entre Karl Marx e Serguei Podolinsky (1850-1891), um aristocrata e cientista ucraniano exilado em França, tenha sido tão breve. Este genial precursor da economia ecológica tentava, com efeito, conciliar o pensamento socialista com a segunda lei da termodinâmica e fazer a

Como é evidente, não é com a esquerda não marxista, que há muito se acomodou ao sistema, que podemos contar para levantar a lebre...

A nossa concepção da sociedade do decrescimento não é nem um retorno impossível ao passado, nem uma acomodação ao capitalismo. É uma "superação" (se possível em boa ordem) da modernidade. "É tão fácil *convencer* o capitalismo a limitar o crescimento como *persuadir* um ser humano a deixar de respirar", escreve Murray Bookchin (230). O decrescimento é forçosamente contra o capitalismo, não tanto por lhe denunciar as contradições e os limites ecológicos e sociais, mas antes de mais porque lhe põe em causa "o espírito", no sentido em que Max Weber considera "o espírito do capitalismo" como condição da sua realização. Se, em abstracto, talvez seja possível conceber uma economia ecocompatível com a continuidade do capitalismo do imaterial, esta perspectiva é irrealista no que respeita às bases imaginárias da sociedade de mercado, ou seja, a desmesura e o (pseudo)domínio sem limites. O capitalismo generalizado não pode deixar de destruir o planeta tal como destruiu a sociedade e tudo o que é colectivo.

---

síntese entre Marx, Darwin e Carnot. Em todo o caso, é provável que, se tivesse havido um encontro intelectual, muitos dos impasses do socialismo teriam sido evitados e, acessoriamente, algumas polémicas sobre o carácter de direita ou de esquerda do decrescimento, etc. Vd. Joan Martinez Alier e J. S. Naredo, "A Marxist Precursor to Energy Economics: Podolinsky", *Peasant Studies*, nº 9, 1982.

(230) "Capitalism can no more be 'persuaded' to limit growth than a human being can be 'persuade' to stop breathing", em *The New York Times*, 7 Agosto de 2006, "Murray Bookchin, 85, Writer, Activist en Ecology Theorist, Dies", por Douglas Martin.

"Abandonar o capitalismo" é uma fórmula cómoda para designar um processo histórico que é tudo menos simples: a eliminação dos capitalistas, a proibição da propriedade privada dos bens de produção e a abolição da relação salarial e da moeda, que mergulhariam a sociedade no caos, só seriam possíveis com um terrorismo generalizado, mas não bastariam, muito pelo contrário, para abolir o imaginário capitalista.

Poderíamos ainda falar de moeda e de "mercados", de lucro e de salariato numa sociedade do pós-desenvolvimento ([231])? Estas "instituições" identificadas um pouco precipitadamente por alguns com o capitalismo não são em si mesmas um obstáculo. Um grande número de sociedades humanas conhece os mercados (sobretudo em África), a moeda e, é claro, o lucro comercial, financeiro e mesmo industrial (que seria preferível chamar "industrioso", tratando-se de artesanato). Conhecem também a remuneração pré-acordada do trabalho a que chamamos salariato. No entanto, estas relações "económicas" não são dominantes, nem na produção nem na circulação dos "bens e serviços". Sobretudo, não estão articuladas entre si a ponto de "constituir um sistema". Não são nem sociedades de mercado nem sociedades salariais, nem sociedades industriais, nem, muito menos, sociedades capitalistas, ainda que nelas possamos encontrar *capital* e *capitalistas*. O imaginário destas sociedades é tão pouco colonizado pela economia que vivem a sua economia sem o saberem. Sair do desenvolvimento, da economia e do crescimento não implica, portanto, renunciar a todas as instituições sociais que a

---

([231]) Analisei detalhadamente a questão na última parte do meu livro *Justice sans limites. Le défi de l'éthique dans une économie mondialisée, op. cit.*

economia anexou, mas a *reencaixá-las* noutra lógica ([232]). O decrescimento pode ser considerado um "ecossocialismo", sobretudo se por socialismo se entender, de acordo com Gorz, "a resposta positiva à desintegração dos laços sociais devido ao efeito das relações mercantis e da concorrência, características do capitalismo." ([233])

O decrescimento é de direita ou de esquerda?

O movimento do decrescimento é revolucionário e anticapitalista (e mesmo anti-utilitarista) e o seu programa fundamentalmente político. No entanto, é de direita ou de esquerda? Muitos ecologistas pensam, tal como Thierry Paquot, que "a partir de agora, a verdadeira dualidade política já não é a que distingue a 'direita' da 'esquerda', mas a que separa os partidários respeitosos da *preocupação ecológica* dos predado-

---

([232]) Sobre este ponto, concordamos com a análise de Cornelius Castoriadis: "Há no marxismo a ideia absurda de que o mercado como tal, a mercadoria como tal, 'personificam' a alienação; isso é absurdo, porque as relações entre os seres humanos, numa grande sociedade, não podem ser 'pessoais', como sucede na família. São e serão sempre socialmente mediadas. Mesmo no quadro duma economia pouquíssimo desenvolvida esta mediação chama-se *mercado* (a troca)", *Une société à la dérive*, *op. cit.*, p. 190. "Para mim, é completamente evidente: não pode existir sociedade complexa sem, por exemplo, meios impessoais de troca. A moeda preenche esta função e é muito importante a este respeito. Retire-se à moeda uma das suas funções nas economias capitalista e pré-capitalista, como a de instrumento de acumulação individual de riquezas e de aquisição de bens de produção, e transformar-se-á noutra coisa. Mas enquanto unidade de valor e de meio de troca, a moeda é uma grande invenção, uma grande criação da humanidade" (*ibid.*, p. 198).

([233]) André Gorz, *Capitalisme, socialisme, écologie*, *op. cit.*, p. 87.

res" ([234]). É claro que se poderá argumentar que o programa que propomos, à primeira vista de bom senso, é tão-pouco aceite à esquerda como à direita. Porém, os partidários respeitosos da preocupação ecológica que não são "de esquerda" (Nicolas Hulot, Corinne Lepage, Yann Arthus-Bertrand) permanecem muitas vezes estranhamente silenciosos em relação aos predadores...

Há, com certeza, uma crítica de direita à modernidade, como há um anti-utilitarismo e um anticapitalismo de direita (muito minoritário na direita parlamentar). Não admira que num "antitrabalhismo" e num antiprodutivismo de direita se utilizem os argumentos idênticos aos nossos. É preciso até reconhecer que, apesar do belo livro do genro de Marx, Paul Lafargue, *O Direito à Preguiça* ([235]) – que continua a ser um dos maiores ataques ao "trabalhismo" e ao produtivismo – e apesar ainda duma tradição anarquista no seio do marxismo, reactualizada pela Escola de Frankfurt, o comunismo de conselhos e o situacionismo, a crítica radical da modernidade foi mais aprofundada à direita do que à esquerda. Teve grande desenvolvimento com Hannah Arendt e Cornelius Castoriadis, impressionados com os argumentos de pensadores contra-revolucionários como Edmund Burke, Louis de Bonald e Joseph de Maistre, mas esta crítica permaneceu politicamente marginal. Os maoísmos, trotskismos e outros esquerdismos são tão produtivistas como os comunismos ortodoxos.

Por isso, não se deve confundir o antiprodutivismo de direita e o antiprodutivismo de esquerda, nem tão-pouco o anticapitalismo e o anti-utilitarismo.

([234]) Thierry Paquot, *Terre urbaine. Cinq défis pour le devenir urbain de la planète*, *op. cit.*, p. 113.

([235]) *Le droit à la paresse*, Paris, Mille et une nuits, 1994.

Ainda que os governos de esquerda façam política de direita e, por não ousarem "descolonizar o imaginário", se condenem ao social-liberalismo, os objectores de crescimento partidários da construção duma sociedade do decrescimento convivial, sereno e sustentável sabem estabelecer a diferença (por menor que seja) entre Jospin e Chirac, Royal e Sarkozy, Schröder e Merkel, Prodi e Berlusconi e mesmo entre Blair e Thatcher... Quando vão votar (o que os aconselhamos a fazer), sabem que, apesar de nenhum programa de governo ter em consideração a necessária redução da nossa pegada ecológica, é do lado dos valores da partilha, da solidariedade, da igualdade e da fraternidade, e não tanto do valor da liberdade de empreender (e de explorar), que é preciso permanecer. Segundo Hans Jonas, se prolongarmos estes valores em benefício das gerações futuras, não poderemos deixar de pôr em causa a destruição da natureza e até o massacre das outras espécies e abandonar o antropocentrismo estreito. É por esta razão que o nosso combate se situa resolutamente contra a mundialização e o liberalismo económico.

A contrario, "a astúcia da história", escreve Hervé Kempf, "seria mesmo um poder autoritário vangloriar-se de usar a necessidade ecológica para levar a aceitar a limitação das liberdades sem ter de tocar na desigualdade. A gestão das epidemias, os acidentes nucleares, os picos de poluição e a 'gestão' dos emigrantes da crise climática seriam outros tantos motivos que facilitariam a limitação das liberdades" ([236]). Passaríamos assim do totalitarismo furtivo da oligarquia plutocrática actual,

([236]) Hervé Kempf, *Comment les riches détruisent la planète*, *op. cit.*, p. 114.

que conserva ainda uma aparência de democracia formal, a um ecofascismo ou ecototalitarismo musculado, de que André Gorz fornece a guia de marcha: "Na verdade, as bases 'naturais' da vida podem ser produzidas ou reproduzidas industrialmente com o desenvolvimento duma ecoindústria e dum econegócio que obedecem aos mesmos imperativos de rentabilidade máxima que as outras indústrias de consumo. [...] A reprodução das bases da vida pode ser organizada no quadro dum ecotecnofascismo que substitua artificialmente os ciclos naturais pelos nichos sintéticos, economicize dalguma forma o nível de vida, industrialize a produção da própria vida, incluindo a humana, comercialize fetos e órgãos e maximize os desempenhos dos organismos vivos, incluindo os desempenhos humanos, com instrumentos de engenharia genética." ([237])

Será necessário um partido do decrescimento?

Dizia Castoriadis: "Face a uma catástrofe mundial, por exemplo, vemos claramente regimes autoritários a impor restrições draconianas a uma população aflita e apática. [...] E se não houver um novo movimento, um redespertar do projecto democrático, a 'ecologia' pode muito bem ser integrada numa ideologia neofascista." Em reacção a esta perspectiva aterradora, a aposta no decrescimento supõe que a atracção pela utopia convivial, associada ao peso das restrições à mudança, seja susceptível de favorecer uma "descolonização do imaginário" e de suscitar um número suficiente de comportamentos "virtuosos" a favor duma solução razoável:

([237]) André Gorz, *Capitalisme, socialisme, écologie, op. cit.*, p. 109.

a democracia ecológica. Era esta também a análise de Castoriadis: "É indispensável a inserção da componente ecológica num projecto político democrático radical. Aliás, é tanto mais imperativa quanto o questionamento dos valores e das orientações da sociedade actual, implicado por tal projecto, é indissociável da crítica do imaginário do 'desenvolvimento' na dependência do qual vivemos." ([238])

Mas será necessário consolidar o movimento na forma dum partido do decrescimento? Pensamos que não. Institucionalizar prematuramente o programa do decrescimento mediante a criação dum partido político correria o risco de nos fazer cair na armadilha da política politiqueira, isto é, do abandono das realidades sociais pelos actores políticos, encerrando-o no jogo político, uma vez que não estão reunidas as condições para se poder esperar iniciar a construção duma sociedade do decrescimento e é duvidoso que esta possa inserir-se com eficácia no quadro ultrapassado do Estado-nação ([239]). No entanto, a sedução da política politiqueira parece crescer com a sua impotência ridícula e os candidatos acotovelam-se para capitalizar o mais rapidamente possível o êxito (muito relativo) de esta ou aquela reivindicação legítima. Pelo contrário, pensamos que é mais importante ter peso no debate, inflectir as posições de uns e de outros, levar a tomar em consideração alguns argumentos e contribuir para fazer evoluir assim as mentalidades. Esta é actualmente a nossa missão e a nossa ambição.

([238]) Cornelius Castoriadis, *Une société à la dérive, op. cit.*, p. 246.

([239]) Vd. o nosso artigo "Pour une renaissance du local", *L'Écologiste*, nº 15, Abril-Maio de 2005, e Takis Fotopoulos, *Vers une démocratie général. Une démocratie directe, économique, écologique et sociale*, Paris, Le Seuil, 2001.

CONCLUSÃO:

O DECRESCIMENTO É UM HUMANISMO?

> "Os homens terão enlouquecido? Penso que sim, e cada vez mais. Tudo isso não pode, não poderá, senão conduzir à nossa perda. A menos que [...]"
>
> Dominique BELPOMME ([240])

Os partidários do decrescimento são suspeitos, tal como todos os ecologistas, de rejeitar o antropocentrismo da tradição das Luzes, sendo a favor dum ecocentrismo total e, portanto, de aderir a uma forma de ecologia profunda que defenderia posições "antiespecistas", ou seja, são suspeitos de preferir a sobrevivência das baratas à dos seres humanos. Os que lhe acrescentam uma dimensão espiritual, ou até religiosa, são imediatamente acusados de *ecolatria*. Para além disso, acusam-nos de defender um regresso ao comunitarismo local fechado, a que acrescentam invectivas como as de serem retrógrados, obscurantistas, reaccionários, etc. ([241]).

([240]) Dominique Belpomme, *Avant qu'il ne soit trop tard*, *op. cit.*, p. 56.

([241]) Vd., por exemplo, Jean Jacob, *L'Antimondialisation. Aspects méconnus d'une nébuleuse*, Berg International Éditeurs, 2006.

Não partilhando uma concepção superficial da ecologia, o decrescimento situar-se-ia, portanto, do lado da ecologia "profunda". Porém, esta ecologia, tal como foi popularizada por Arne Nass, tende talvez um pouco excessivamente para o ecocentrismo, ao passo que muitos dos adeptos do decrescimento se reclamam do humanismo. Instalou-se quanto a este aspecto muita confusão e a tendência para raciocinar de maneira maniqueísta não contribui para o esclarecer ([242]). Teremos necessariamente de escolher entre ecocentrismo e antropocentrismo, entre humanismo e antiespecismo, entre relativismo absoluto e universalismo dogmático, entre modernidade e tradição? Como escapar a estes velhos debates inter-relacionados, recorrentes e, afinal, indecidíveis? Recusar o humanismo de George W. Bush, o antropocentrismo de Descartes, de Bacon ou de Theilhard de Chardin ou o universalismo racista ([243]) de Kant implicará necessariamente recusar a especificidade do ser humano, desconhecer a sua dignidade e fechar-se em guetos culturais?

([242]) No seu artigo no jornal *Le Monde* de 24 de Abril de 1999, "Le retour de la révolution nihiliste", Alexandre Adler apresenta-nos uma ilustração caricatural, colocando dum lado "as forças universais, tais como o comércio, a técnica, o direito, a democracia, a promoção das mulheres" e do outro "um verdadeiro programa comum antimundialista, anti-humanista e antiliberal [...] prestes a entrar em efervescência nos alambiques do novo pensamento populista autoritário à escala planetária."

([243]) "O racismo e o anti-semitismo de Kant e da maioria dos seus irmãos espirituais da Europa Ocidental têm a sua fonte no campo de imanência lógica que é próprio do tema das Luzes", Robert Kurz, *Critique de la démocracie balistique*, Paris, Mille et une nuits, 2006, pp. 36-37. Sobre Theilhard de Chardin, vd. Fabrice Flipo, *Justice, nature et liberté. Les enjeux de la crise écologique*, Lyon, Parangon, 2007, p. 201.

Em primeiro lugar, é necessário talvez entendermo-nos sobre o que é o humanismo. É fundamentalmente a crença segundo a qual, subjacente ao conceito de "ser humano", há uma realidade essencial/substancial que transcenderia a mera existência da espécie. Quer dizer, a humanidade do ser humano existiria independentemente dos seres humanos concretos (presentes, passados e futuros) como "abstracção", e não como "denominador comum". A sua essência viria de qualquer coisa que faria dele algo completamente diferente das outras espécies e a que alguns chamam alma e outros razão. Esta transcendência não seria apenas imanente à generalidade dos seres humanos, mas estaria inscrita numa eternidade conceptual problemática. Assim sendo, os seres humanos, seres superiores, possuiriam direitos (naturais) sobre as outras espécies e sobre a natureza: os direitos do homem ou direitos humanos. Daí a importância da controvérsia de Valhadolid, no século XVI, acerca da alma dos índios (ao mesmo tempo que estes mesmos índios colocavam prisioneiros brancos a apodrecer na água para verificar se eram, de facto, entidades extraterrestres, isto é, deuses, antepassados, demónios, etc.). "O humanismo que coloca o homem no centro do universo", escreve Djémil Kessous, "pode definir-se como um particularismo *antropocentrista*" ([244]).

Que assim seja de facto não oferece nenhuma dúvida aos ocidentais (e, portanto, a mim, enquanto ocidental). É por esta razão que resistimos e devemos resistir a qualquer forma de racismo e de discriminação (cor da pele, sexo, religião, etnia, etc.), em que, infelizmente, o Ocidente não é avaro ainda hoje. Pensemos em

---

([244]) Djémil Kessous, *La Révolution moderne*, ed. do autor, 2006, p. 54.

Guantanamo, Abu Graib, nas leis de Sarkozy ou no muro da fronteira entre os Estados Unidos e o México. A legislação americana que legaliza a tortura atinge um ponto máximo de hipocrisia que é dos mais repugnantes por parte de humanistas cristãos que se apresentam como defensores da democracia e dos direitos humanos. O que constitui um problema é que em muitas culturas a grande divisão entre natureza e cultura simplesmente não existe. Por exemplo, para os Asmat da Papuásia, alguns "animais" fazem incontestavelmente parte da família "humana", mas os membros da tribo vizinha fazem parte da categoria dos géneros comestíveis! Que estão errados, disso estou intimamente convencido. O problema é que não lho posso demonstrar senão a partir do interior da minha própria cultura (passa-se o mesmo com eles, partindo do princípio, é claro, que terão algum interesse em me converter à *weltanschaung* asmat). Será que isso me confere o direito de lhes impor à força as minhas convicções?

Se, no meu entender, o decrescimento concebido como filosofia fundadora dum projecto de sociedade autónoma não é provavelmente um humanismo, é por se basear na crítica ao desenvolvimento, ao crescimento, ao progresso, à técnica e finalmente à modernidade e por implicar uma ruptura com o ocidentalocentrismo. Não foi por acaso que a maioria dos inspiradores do decrescimento, como Illich e Ellul, para além de Claude Lévi-Strauss, Robert Jaulin, Marshall Sahlins e muitos outros, denunciaram o humanismo ocidental.

O triunfo do imaginário da mundialização, forma paroxística da modernidade, permitiu e continua a permitir um extraordinário projecto de deslegitimação do discurso relativista, até do mais moderado. Com os direitos do Homem, a democracia e, é claro, a economia (pela graça do mercado), as invariantes transculturais invadiram a cena e deixaram de ser questionáveis. Assiste-se ao regresso em força do etnocentrismo ocidental, sendo uma sua forma nova a arrogância da apoteose da omnipresença do mercado. Até os antropólogos, relativistas por vocação, como dizia Lévi-Strauss, arriaram as bandeiras ([245]).

A estigmatização mais recente do relativismo, sob a designação de "comunitarismo", "serve de cobertura, sobretudo após o 11 de Setembro, a uma vocação hegemónica que põe em causa as laboriosas tentativas anteriores de continuar políticas de tradução e de reconhecimento recíproco entre as colectividades e as culturas diferentes", escreve Annamaria Rivera ([246]). Este "furor universalista", na expressão de Claudio Marta ([247]), é exemplificado abundantemente com os testemunhos recentes de ideólogos e homens políticos, incluindo o próprio papa ([248]).

Na verdade, em Agosto de 2000, com a declaração *Dominus Iesus*, um grupo de teólogos, sob a direcção do futuro Bento XVI, então cardeal Ratzinger, interpelava a ideologia do diálogo inter-religioso, expressão do

---

([245]) Vd., por exemplo, a acusação de Françoise Héritier contra o relativismo cultural, "La femme comme question politique", no jornal *Le Soir de Bruxelles* do dia 2 de Maio de 2007.

([246]) Annamaria Rivera, *La guerra dei simboli. Veli postcoloniali e retoriche sull'alterità*, Bari, Edizioni Dedalo, 2005, p. 60.

([247]) Claudio Marta, *Relazioni interetniche. Prospettive antropologiche*, Nápoles, Guida, 2005.

([248]) Por exemplo, o jornalista italiano Angelo Panebianco escrevia de maneira sintomática, após o atentado ao World Trade Center: "Se a guerra ao terrorismo ficar para durar, é necessário equiparmo-nos para neutralizar [...] o principal aliado de Bin Laden e dos seus cúmplices no Ocidente, a sua mais preciosa 'quinta coluna': o relativismo cultural", em Annamaria Rivera, *op. cit.*, p. 68.

"dogma relativista". O texto exorta a Igreja Católica a uma nova missão evangelizadora face às outras tradições religiosas: "A plenitude da verdade apenas se encontra no seio da Igreja." ([249]) Esta posição dogmática destrói o esforço de inculturação iniciado pelo Vaticano II e o trabalho admirável do teólogo indiano-catalão Raimon Panikkar, que consagrou toda a sua vida a promover o diálogo inter-religioso como matriz da interculturalidade.

Este furor universalista é justamente denunciado por Franco Cardini: "Estamos perante a construção sistemática dum novo totalitarismo, que diaboliza como 'relativista' qualquer forma de vida e de pensamento que seja diferente da imposta pelo paradigma dominante e que pretende o monopólio da busca do bem sobre a terra, expulsando como 'bárbara' ou 'tirânica' qualquer outra forma de pensamento ou de visão religiosa, civil ou social." ([250]) Também para a iraniana Maryam Namzie o relativismo é o "fascismo da nossa época", pois "legitima e alimenta a barbárie". "Ele afirma que os direitos das pessoas dependem da sua nacionalidade, da sua religião e da sua cultura. [...] Os defensores do relativismo cultural afirmam que devemos respeitar a cultura e a religião, mesmo quando são desprezáveis. [...] Os seus partidários não hesitam em dizer que os direitos universais do homem são um conceito ocidental [...]. São os defensores do holocausto da nossa época." ([251])

([249]) *Ibid.*, p. 67

([250]) "Il pensiero vuoto dei 'neocons' italiani", *L'Unità* de 25 de Agosto de 2005, citado por Annamaria Rivera, *op. cit.*, p. 69.

([251]) Na mesma linha, Wassyla Tamzali exorta com veemência a "torcer o pescoço ao relativismo cultural, que floresce estranhamente até nas fileiras da esquerda intelectual", citado por Annamaria Rivera, *op. cit.*, p. 90.

Perante este delírio universalista etnocêntrico, não é desprovido de interesse recordar a recomendação que Melville J. Herskovits, um dos maiores antropólogos americanos, fez em 1947, na qualidade de membro do conselho de direcção da Associação Americana de Antropologia, à comissão das Nações Unidas encarregada de elaborar a declaração universal dos direitos do homem (252). Neste texto, o antropólogo fazia uma crítica preventiva do universalismo (da ideologia universalista, não da ideia de universalidade): "Qualquer tentativa de formular postulados saídos de convenções ou de código moral duma única cultura reduz a possibilidade de aplicar à humanidade no seu conjunto qualquer declaração dos direitos do homem." (253) À época, o receio fundado de que se pudesse relativizar também a "cultura nazi" levou a que se rejeitasse a chamada de atenção de Herskovits e o seu pedido de que se articulasse a universalidade com a pluralidade. Actualmente, o islamismo assumiu as funções de espantalho e serve para justificar a mesma recusa de contextualizar os direitos humanos com a a instrumentalização das justas reivindicações das mulheres submetidas à xariá.

Em conclusão: não se deverá pensar em substituir o sonho universalista, ultrapassado devido às tendências totalitárias e terroristas e partilhado pelo imperialismo do crescimento, pelo reconhecimento necessário da "diversalidade" (segundo o neologismo do escritor crioulo Raphaël Confiant) ou por um "pluriversalismo" necessariamente relativo, quer dizer, por uma verda-

---

(252) Foi o general De Gaulle, ao que parece, quem insistiu junto de René Cassin, o jurista francês pai da declaração, para que se substituísse o termo inicialmente considerado, "internacional", pelo termo "universal".

(253) Citado por Annmaria Rivera, *op. cit.*, p. 90.

deira "democracia das culturas"? Esta é a razão por que o projecto do decrescimento não é um projecto chave na mão, mas uma fonte de diversidade.

Dito isto, não nos desviemos. Esta concepção do decrescimento não é de forma alguma um anti-humanismo, nem um anti-universalismo. Não tratando os animais e as coisas como pessoas (que é o que faz o animismo), nem tratando as pessoas como coisas, à maneira da tecnoeconomia moderna, há lugar para o respeito pelas coisas, os seres e as pessoas. Talvez possamos falar dum a-humanismo, tal como falo de a-crescimento. Isso não implica de modo nenhum a rejeição de toda e qualquer axiologia, muito pelo contrário ([254]). O primeiro "R" do círculo virtuoso da construção do decrescimento intitula-se, não sem razão, "reavaliar". Os valores necessários (altruísmo, convivialidade, respeito pela natureza, etc.) são também os que podem permitir-nos iniciar um diálogo com outras culturas sem as canibalizar como o universalismo arrogante duma potência dominante, porque aceitamos reconhecer a relatividade das nossas crenças. Enquanto ocidental, estou pronto a defender com unhas e dentes muitos valores "humanistas". Mas não os considero um absoluto e penso que não tenho o direito de impedir um hindu de considerar que é crime matar uma vaca, o que não me impedirá de saborear um bom bife.

Por seu lado, a crítica à modernidade não implica a sua rejeição pura e simples, mas sim a sua superação. É em nome do próprio projecto de emancipação das Luzes e da construção duma sociedade autónoma que podemos denunciar o seu fracasso com a hetero-

---

([254]) Como parece pensar o amigo Michel Dias. Vd. o seu artigo "Un idealisme politique", *Entropia*, nº 1.

nomia que hoje vence a ditadura dos mercados financeiros.

Entre o antropocentrismo cego ou dogmático da modernidade ocidental e a sacralização animista da natureza, há claramente lugar para um ecoantropocentrismo ([255]). É a própria sobrevivência da humanidade – e, portanto, poder-se-ia dizer, um humanismo bem compreendido – que nos condena a reintroduzir a preocupação ecológica no centro da preocupação social, política, cultural e espiritual da vida humana. Reconhecer direitos à natureza (aos animais, às plantas e a tudo o mais), militar a favor duma "ecojustiça" e duma "ecomoralidade", não implica necessariamente cair na ecolatria dos novos cultos ecológicos, nem recorrer às grandes sacerdotisas ecofeministas dos cultos neopagãos sincréticos e *new age* que florescem aqui ou ali para preencher o vazio da alma das nossas sociedades à deriva. Convém notar que, ao contrário doutras tradições religiosas como o budismo, a tradição cristã não favoreceu no Ocidente a relação harmoniosa entre o ser humano e o seu ambiente vivo e não vivo. O marxismo inseriu-se nesta tradição, o que levou Hans Jonas a dizer: "A humanização da natureza por Marx é um eufemismo hipócrita para designar a submissão total desta mesma natureza ao ser humano para uma exploração total com a finalidade de satisfazer as suas próprias necessidades." ([256])

A realização duma sociedade do decrescimento, defendemos nós, passa necessariamente por um reen-

---

([255]) Vd. Vittorio Lanternari, *Ecoantropologia. Dall'ingerenza ecológica alla svolta etico-cultural*, Bari, Edizioni Dedalo, 2003.

([256]) Citado por Vittorio Lanternari, *Ecoantropologia. Dall'ingerenza ecologica alla svolta etico-culturale*, Bari, Edizioni Dedalo, 2003, p. 330.

cantamento do mundo ([257]). Para além disso, é necessário chegar a acordo sobre o que isto significa. O desencantamento do mundo moderno é, ao mesmo tempo, mais simples e mais profundo do que a análise de Max Weber dá a entender. Tem menos a ver com o triunfo da ciência e o apagamento dos deuses e mais com a fantástica banalização das coisas provocada pelo sistema termoindustrial. Neste sentido, é um verdadeiro desencantamento, e não apenas uma "desmitologização" ([258]). Utilizar maciçamente a energia fóssil fornecida gratuitamente pela natureza desvaloriza o trabalho humano e autoriza a predação ilimitada das "riquezas" naturais. Daí resulta uma superabundância artificial desenfreada que destrói qualquer capacidade de maravilhamento perante os dons do "criador" e as capacidades artesanais da habilidade humana. É revelador o exemplo da tentativa de implantação da comercialização do caribu numa comunidade de Inuítes ([259]). "Sabe", responde o chefe da aldeia ao enviado do governo, "temos uma longa história com os caribus e perguntamo-nos se lhes pode-

---

([257]) Vd. a conclusão do meu livro *Le Pari de la décroissance, op. cit.*, 2006.

([258]) Sabe-se que o sucesso da fórmula de Weber se fica a dever muito a um contra-senso. A *Entzauberung* de que fala é simplesmente a substituição da explicação mágica pela explicação da ciência, na modernidade, um pouco como sucede em Auguste Comte. As consequências, apesar de não serem apenas positivas, são-no em larga medida. A ciência pode perfeitamente encantar um mundo sem superstições. Pelo contrário, a banalização das "maravilhas" não tem remédio.

([259]) Jacques Godbout, "Les conditions sociales de la création en art e en sciences", em *Revue du MAUSS*, nº 24; *Une théorie sociologique générale est-elle pensable?*, La Découverte, 2º semestre de 2004, p. 420, e novamente publicado em *Ce qui circule entre nous. Donner, recevoir, rendre*, Paris, Le Seuil, 2007, p. 72.

mos fazer isso." É que "para fazer entrar o caribu no circuito comercial espacializado é necessário separá-lo da sua rede temporal, da história da sua relação com os Inuítes. É necessário transformá-lo em objecto, cortá-lo em pedaços e vendê-lo, exactamente como se fez para o acto de produção moderna." É a esta banalização comercial que se opõe o artista, cujo papel é insubstituível para construir uma sociedade serena de decrescimento. "O artista recorda ao indivíduo moderno que, independentemente do que fizer, está condenado a uma forma qualquer de animismo se quiser que as coisas tenham efectivamente um sentido [...]. O artista dá talvez testemunho do facto que o animismo é a única filosofia que respeita as coisas e o ambiente, uma filosofia adaptada ao espírito da dádiva que circula nas coisas e de que a modernidade nos separou." ([260]) Animista ou não, para uma sociedade do decrescimento, tal como para Oscar Wilde, "a arte é inútil e, portanto, essencial"!

([260]) *Ibid.*

BIBLIOGRAFIA

Obras/Fontes principais

AIME, Marco, *Gli specchi di Gulliver. In difesa del relativismo*, Bollati, 2006.

ARIÈS, Paul, *Décroissance ou barbarie*, Lyon, Golias, 2005.

ATTAC, *Pauvreté et inégalités, ces créatures du néolibéralisme*, Paris, Mille et une nuits, 2006.

ATTALI, Jacques e CHAMPAIN, Vincent, "Activité, emploi et recherche d'emploi: changer de paradigme pour supprimer le chômage", Fondation Jean-Jaurès, nº 15, Novembro de 2005.

AUBERTIN, Catherine e VIVIEN, Franck-Dominique (orgs.), *Le Développement durable. Enjeux politiques, économiques et sociaux*, Paris, La Documentation française, 2006.

AUBIN, Jean, *Croissance: L'impossible nécessaire*, Le Theil, Planète bleue, 2003.

BAILLY, Emmanuel, "Le concept de l'Écorégion ou comment restaurer le système immunitaire des régions", boletim *Ligne d'horizon*, nº 36, Agosto-Setembro de 2006.

BARRAS, Béatrice, *Moutons rebelles: Ardelaine, la fibre du développement local*, Saint-Pierreville, éditions Repas, 2002.

BAUDRILLARD, Jean, "Nique ta mère!", crónica do *Libération* de 18 de Novembro de 2005 (reimpresso em 7 de Março de 2007).

BAUMAN, Zygmunt, *Le Coût humain de la mondialisation*, Paris, Hachette Littératures, 1999.

——, *Lavoro, consumismo e nuove povertà*, Troina, Edizioni Città Aperta, 2004.

BELPOMME, Dominique, *Avant qu'il ne soit trop tard*, Paris, Fayard, 2007.

———, *Ces maladies crées par l'homme*, Paris, Albin Michel, 2004.

BENOIST, Alain de, *Comunità e Decrescita. Critica della Ragione Mercantile*, Arianna Editrice, 2006.

BERLINGUER, Enrico, *Austerità. Occasione per transformare l'Italia [Le conclusioni al convegno degli intellectuali (Roma, 15-1-77) e all'assemblea degli operai comunisti (Milão, 30-1-77)]*, Roma, Editori Riuniti, 1977.

BERTHOUD, Arnauld, *Une philosophie de la consommation. Agent économique et sujet moral*, Villeneuve d'Asq, Presses universitaires du Septentrion, 2005.

BESSET, Jean-Paul, *Comment ne plus être progressiste... sans devenir réactionnaire*, Paris, Fayard, 2005.

BESSON-GIRARD, Jean-Claude, *Decrescendo cantabile. Petit manuel pour une décroissance harmonique*, Lyon, Parangon, 2005.

BEVILACQUA, Piero, *La terra è finita. Breve storia dell'ambiente*, Laterza, 2006.

BLANC, Jérôme (org.), *Exclusion et liens financiers, Monnaies sociales, Rapport 2005-2006*, Economica, 2006.

BOLOGNA, Gianfranco (org.), *Italia capace di futuro*, Bolonha, WWF-EMI, 2001.

BONAIUTI, Mauro, *La teoria bioeconomica. La "nuova economia" di Nicholas Georgescu-Roegen*, Roma, Ed. Carocci, 2001.

———, *Nicholas Georgescu-Roegen. Bioeconomia. Verso un'altra economia ecologicamente e socialmente sustenible*, Turim, Bollati Boringhieri, 2003.

BONESIO, Luisa, in "Paysages et sens du lieu", *Eléments*, nº 100, Março de 2001, "Une réponse à la mondialisation: le localisme".

BONORA, Paola, "Sistemi locali territoriali, transcalarità e nuove regole della democrazia dal basso", em Anna MARSON (org.), *Il progetto di territorio nella città metropolitana*, Florença, Alinea editrice, 2006.

BOOKCHIN, Murray, *Pour un municipalisme libertaire*, Lyon, Atelier de création libertaire, 2003.

———, *L'ecologia della libertà*, Milão, Elèuthera, 1988.

——, *Per una società ecologica*, Milão, Elèuthera, 1989.

——, *Democrazia diretta*, Milão, Elèuthera, 1993.

BROWN, Lester R., *Blueprint for a Better Planet*, Hendersonville, Mother Earth News, 2004.

——, *Éco-économie, une autre croissance est possible, écologique et durable*, Paris, Le Seuil, 2003.

——, "Plan B: Come affrontare la crisi alimentare incipiente", em Andrea MASULLO (org.), *Economia e Ambiente. La sfida del terzo millennio*, Bolonha, EMI, 2005.

BRUNE, François, *De l'idéologie aujourd'hui*, Lyon, Parangon, 2004.

——, "La Frugalité heureuse: une utopie?", *Entropia*, nº 1.

BRUNI, Luigino, "L'economia e i paradossi della felicita", em Pier Luigi SACCO e Stefano ZAMAGNI (orgs.), *Complessita' relazionale e comportamento economico*, Bolonha, Il Mulino, 2002.

CACCIARI, Paolo, *Pensare la decrescita. Sostenibilità ed equità*, Cantieri Carta/edizioni Intra Moenia, 2006.

CAILLÉ, Alain, *Dé-penser l'économique. Contre le fatalisme*, Paris, La Découverte/MAUSS, col. Recherches, 2005.

CANFIN, Pascal, *L'Économie verte expliquée à ceux qui n'y croient pas*, Paris, Les Petits Matins, 2006.

CASTORIADIS, Cornelius, "L'Écologie contre les marchands", em *Une société à la dérive*, Paris, Le Seuil, 2005.

——, *La Montée de l'insignifiance, Les carrefours du labyrinthe IV*, Le Seuil, Paris, 1996.

CHANIAL, Philippe, "Une fois commune: démocratie, don et éducation chez John Dewey", em *Revue du MAUSS*, nº 28, La Découverte, segundo semestre de 2006.

CHARBONNEAU, Bernard, *Une seconde nature*, Pau, B. Charbonneau, 1981.

CHARBONNEAU, Simon, "Résister à la croissance des grandes infrastructures de transport", documento de trabalho.

——, *Droit communautaire de l'environnement*, edição revista e aumentada, Paris, L'Harmattan, 2006.

CHEYNET, Vincent e Denis, "La décroissance pour l'emploi", *La Décroissance*, nº 3, Julho de 2004.

CICOLELLA, André e BENOIT-BROWAEYS, Dorothée, *Alertes santé*, Paris, Fayard, 2005.

CLÉMENT, Gilles e JONES, Louisa, *Une écologie humaniste*, Paris, Aubamel, 2006.

CLERC, Denis, "Peut-on faire l'économie de l'environnement?", *Cosmopolitiques*, nº 13, Apogée, 2006.

COCHET, Yves et SINAÏ, Agnès, *Sauver la terre*, Paris, Fayard, 2003.

COCHET, Yves, *Pétrole apocalypse*, Paris, Fayard, 2005.

DAHL, Robert A., *I dilemmi della democrazia pluralista*, Milão, Il Saggiatore, 1988.

DECROP, Geneviève, "Redonner ses chances à l'utopie", *Utopia*, nº 1.

Development Dictionary (The), Londres, Zed Books, 1992.

DIAS, Michel, "Un idéalisme politique", *Entropia*, nº 1.

DUCLOS, Denis, "La cosmocratie, nouvelle classe planétaire", *Le Monde diplomatique*, Agosto de 1997.

DUMOUCHEL, Paul et DUPUY, Jean-Pierre, *L'Enfer des choses*, Paris, Le Seuil, 1979.

DUPUY, Jean-Pierre, *Pour un catastrophisme éclairé. Quand l'impossible est certain*, Paris, Le Seuil, 2002.

DUPUY, Jean-Pierre e ROBERT, Jean, La *Trahison de l'opulence*, Paris, PUF, 1976.

DUVAL, Guillaume, "L'impasse de la décroissance", *Cosmopolitiques*, nº 13, Apogée, 2006.

ELLUL, Jacques, *Les Successeurs de Marx*, Paris, La Table ronde, 2007.

——, *Métamorphose du bourgeois*, Paris, La Table ronde, 1998.

ESTEVA, Gustavo, *Celebration of Zapatismo, Multiversity and Citizens International*, Penang, 2004.

ESTEVA, Gustavo e PRAKASH, M. S., *Grassroots Postmodernism: Remaking the Soil of Cultures*, Zed Books, 1998.

FLAHAUT, François, *Le Paradoxe de Robinson. Capitalisme et société*, Paris, Mille et une nuits, 2005.

FLIPO, Fabrice, "Pour l'altermondialisme. Une réponse à Isaac Johsua", documento da Internet.

FOTOPOULOS, Takis, *Vers une démocratie générale. Une démocratie directe, économique, écologique et sociale*, Paris, Le Seuil, 2001.

GEORGESCU-ROEGEN, Nicholas, *La Décroissance: entropie, écologie, économie*, apresentação e tradução de Jacques GRINEVALD e Ivo RENS, Paris, Sang de la terre, 1994.

GESUALDI, Francesco, *Sobrietà. Dallo spreco di pochi ai diritti per tutti*, Milão, Feltrinelli, 2005.

GEVAERT, Pierre, *Alerte aux vivants et à ceux qui veulent le rester*, Paris, Sang de la Terre/Ellébore, 2006.

GODBOUT, Jacques, "Les conditions sociales de la création en art et en sciences", em *Revue du MAUSS*, nº 24, "Une théorie sociologique générale est-elle pensable?", La Découverte, 2004.

GORZ, André, *Capitalisme, socialisme, écologie. Désorientations, orientations*, Paris, Galilée, 1991.

——, *Métamorphoses du travail. Quête de sens. Critique de la raison économique*, Paris, Galilée, 1988.

——, *Ecologie et liberté*, Paris, Galilée, 1977.

GRANSTEDT, Ingmar, *Peut-on sortir de la folle concurrence? Petit manifeste à l'intention de ceux qui en ont assez*, Paris, La Ligne d'horizon, 2006.

GRAS, Alam, *Fragilité de la puissance*, Paris, Fayard, 2003.

——, "Internet demande de la sueur", *La Décroissance*, nº 35, Dezembro de 2006.

GRINEVALD, Jacques, "Histoire d'un mot. Sur l'origine de l'emploi du mot décroissance"", *Entropia*, nº 1.

GUIBERT, Bernard e LATOUCHE, Serge (orgs.), *Antiproductivisme, altermondialisme, décroissance*, Lyon, Parangon, 2006.

HARRIBEY, Jean-Marie, "Le Développement durable: le grand écart", *L'Humanité*, 15 de Junho de 2004.

HAZARD, Paul, *Le Malaise américain*, 1931.

HÉRITIER, Françoise, "La femme comme question politique", *Le Soir*, Bruxelas, 2 de Maio de 2007.

HOOGENDIJK, Willem, *The Economic Revolution. Towards a Sustainable Future by Freeing The Economy from Money-Making*, Utreque, International Books, 1991.

——, *Let's Stop Tsunamis*, Utreque, Earth Foundation, 2005.

——, "Let' Regionalise the Economy – and Cure Ourselves of a Host of Ills!", nota de Abril de 2003.

HULOT, Nicolas (Fondation), dossiê de imprensa de *Pour un Pacte Écologique.*

——, *Pour un Pacte Écologique,* Paris, Calmann-Lévy,2006.

ILLICH, Ivan, "L'enseignement: une vaine entreprise", em *Œuvres complètes,* tomo 1, Paris, Fayard, 2004.

——, "Une société sans école"; "Némésis médicale"; "Énergie et équité", in *Œuvres complètes,* tomo 1, Paris, Fayard, 2004.

——, "Des choix hors économie: pour une histoire du déchet"; "Le genre vernaculaire"; "Disvaleur", em *Œuvres complètes,* tomo 2, Paris, Fayard, 2005.

——, "L'origine chrétienne des services", em *La Perte des sens,* Paris, Fayard, 2004.

——, *La Convivialité,* Paris, Le Seuil, 1973.

JACOB, Jean, *L'Antimondialisation. Aspects méconnus d'une nébuleuse,* Berg international, 2006.

JACQUART, Albert, *L'Équation du Nénuphar,* Paris, Calmann--Lévy, 1998.

JACQUIAU, Christian, *Les Coulisses du commerce équitable,* Paris, Mille et une nuits, 2006.

JOUVENEL, Bertrand de, *Arcadie, Essai sur le mieux vivre,* Paris, Sedeis, 1968; reed. Paris, Gallimard, 2002.

KEMPF, Hervé, *Comment les riches détruisent la planète,* Paris, Le Seuil, 2007.

KESSOUS, Djémil, *La Révolution moderne,* ed. do autor, 2006.

KUNZ, Robert, *Critique de la démocratie balistique,* Paris, Mille et une nuits, 2006.

LANGLOIS, Bernard, bloco-notas de *Politis,* 14 de Dezembro de 2006.

LANTERNARI, Vittorio, *Ecoantropologia. Dall'ingerenza ecologica alla svolta etico-culturale,* Bari, Edizioni Dedalo, 2003.

LATOUCHE, Serge, "En finir une fois pour toute avec le développement", *Le Monde diplomatique,* Maio 2001.

——, *L'Autre Afrique. Entre don et marché,* Paris, Albin Michel, 1998.

——, *Survivre au développement,* Paris, Mille et une nuits, 2004.

———, *Justice sans limites. Le défi de l'éthique dans une économie mondialisée*, Paris, Fayard, 2003.

———, *L'Invention de l'économie*, Paris, Albin Michel, 2005.

———, *Le Pari de la décroissance*, Paris, Fayard, 2006.

LECLAIR, Bertrand, *L'Industrie de la consolation. La littérature face au cerveau global*, Paris, Verticales, 1998.

LEFEBVRE, Henri, *La Vie quotidienne dans le monde moderne*, Paris, Gallimard, 1968.

LIETAER, Bernard, "Des monnaies pour les communautés et les régions biogéographiques: un outil décisif pour la redynamisation régionale au XXIe siècle", em Jérôme BLANC (org.), *Exclusion et liens financiers. Monnaies sociales, Rapport 2005-2006*, Economica, Paris, 2006.

LIGNE D'HORIZON (colectivo), *Défaire le développement, refaire le monde*, actas do colóquio da Unesco, Lyon, Parangon, 2002.

LIPOVETSKY, Gilles, *Le Bonheur Paradoxal, essai sur la société d'hyperconsommation*, Paris, Gallimard, 2006 [*A Felicidade Paradoxal. Ensaio sobre a Sociedade do Hiperconsumo*, Lisboa, Edições 70, 2006].

LULEK, Michel, *Scions... travaillait autrement? Ambiance bois, l'aventure d'un collectif autogéré*, Saint-Pierreville, éditions Repas, 2003.

MAGNAGHI, Alberto, *Le Projet local*, Sprimont, Mardaga, 2003.

MARSON, Anna (org.), *Il progetto di territorio nella città metropolitana*, Florença, Alinea editrice, 2006; vd. sobretudo o seu artigo "Dalla città metropolitana alla (bio) regione urbana".

MANSHOLT, Sicco, *La Crise*, Paris, Stock, 1974.

MARIS, Bernard, *Antimanuel d'économie*, tomo 2: *Les Cigales*, Paris, Bréal, 2006.

MARTA, Claudio, *Relazioni interetniche. Prospettive antropologiche*, Nápoles, Guida, 2005.

MARTIN, Hervé-René, *Éloge de la simplicité volontaire*, Paris, Flammarion, 2007.

MARTIN, Douglas, "Murray Bookchin, 85, Writer, Activist and Ecology Theorist, Dies", *New York Times*, 7 de Agosto de 2006.

MARTINEZ ALIER, Joan, "*Che cos'è l'economia ecologica*", em Andrea MASULLO, *Dal mito della crescita al nuovo umanesimo. Verso un nuovo modello di sviluppo sostenibile*, Grottaminarda, Delta 3 Edizioni, 2004.

MARTINEZ ALIER, Joan e NAREDO, J. M., "A Marxist Precursor to Energy Economics: Podolinsky", *Journal of Peasant Studies*, nº 9, 1982.

MASULLO, Andrea, *Dal mito della crescita al nuovo umanesimo. Verso un nuovo modello di sviluppo sostenibile*, Grottaminarda, Delta 3 Edizioni, 2004.

———, *Il pianeta di tutti. Vivere nei limiti perchè la terra abbia un futuro*, Bolonha, EMI, 1998.

MEADOWS, Donella H., RANDERS, Jorgen e BEHRENS, W., *The Limits to Growth. A report for The Club of Rome's Project on the Predicament of Mankind*, Nova Iorque, Universe Books, 1972; trad. francesa, *Halte à la croissance? (rapport au Club de Rome)*, Paris, Fayard, 1972.

———, *Beyond the limits to growth, an update*, Boston Chelsea Green, 1992, e *Limits to Growth: the 30 year Update*, Fayard, 2004.

MÉDA, Dominique, *Le Travail, une valeur en voie de disparition*, Paris, Alto/Aubier, 1995.

———, "Notes pour en finir vraiment avec la fin du travail", em *Revue du MAUSS*, nº 18, 2º semestre de 2001.

MILL, John Stuart, *Principes d'économie politique* (1848), Paris, Dalloz, 1953.

MONESTIER, Jean, em "Décroissance et travail", *Entropia*, nº 2, "Comment sortir de l'industrialisme?" e "La grande illusion des aéroports régionaux", *Fil du Conflent*, nº 14, Prades, Atelier de la Chouette, Abril-Maio de 2007.

MOTHÉ, Daniel, *L'Utopie du temps libre*, Paris, Esprit, 1977 (aqui segundo a edição italiana, *L'utopia del tempo libero*, Turim, Bollati Boringhieri, 1998).

MÜHLSTEIN, Philippe, "Les ravages du mouvement perpétuel", *Le Monde diplomatique*, Janeiro de 2005.

NAPOLEONI, Claudio, *Cercare ancora. Lettera sulla laicità e ultimi scritti*, Roma, Editori Riuniti, 1990.

NARBONI, Camilla, *Sull'incuria della cosa: considerazioni filosofiche sui rifiuti e sul mondo saccheggiato*, Universidade de Pavia, 2006.

NICOLINO, Fabrice e VEILLERETTE, François, *Pesticides, révélations sur un scandale français*, Paris, Fayard, 2007.

PALLANTE, Maurizio, *La decrescita felice. La quantità della vita non dipende dal PIL*, Roma, Editori Riuniti, 2005.

———, *Un futuro senza luce?*, Roma, Editori Riuniti, 2004.

PANIKKAR, Raimon, *Pour un pluriversalisme*, Lyon, Parangon, 2007.

PAQUOT, Thierry, *Petit manifeste pour une écologie existentielle*, Paris, Bourin éditeur, 2007.

———, *Éloge du luxe. De l'utilité de l'inutile*, Paris, Bourin éditeur, 2005.

———, *Terre urbaine. Cinq défis pour le devenir urbain de la planète*, Paris, La Découverte, 2006.

———, *Utopies et utopistes*, Paris, La Découverte, col. Repères, 2007.

PARTANT, François, *Que la crise s'aggrave!*, reed. com prefácio de José BOVÉ e posfácio de Serge LATOUCHE, Lyon, Parangon, 2002.

PASOLINI, Pier Paolo, *Scritti corsari*, Milão, Garzanti Libri, 2005.

PERROT, Marie-Dominique *et al.*, *Ordres et désordres de l'esprit gestionnaire*, Lausana, Éditions Réalités sociales, 2006. Sobretudo Gilbert Rist, "La nouvelle gestion publique peut-elle être sociale?".

PETRINI, Carlo, "Militants de la gastronomie", *Le Monde diplomatique*, Julho de 2006.

PRAT, Jean-Louis, *Introduction à Castoriadis*, Paris, La Découverte, col. Repères, 2007.

RAHNEMA, Majid, *Quand la misère chasse la pauvreté*, Paris, Fayard/Actes Sud, 2003.

RAMAUX, Christophe, *Emploi: éloge de la stabilité. L'État social contre la flexicurité*, Paris, Mille et une nuits, 2006.

RASMUSSEN, Derek, "Valeurs monétisées et valeurs non monétisées" (título original "The Priced versus the Priceless"), em *Interculture* (Montreal), nº 147, Outubro de 2004, "Le terrorisme de l'argent I".

REVEL, Bernard, *Journal de la pluie et du beau temps*, Canet, Trabucaire, 2005.

RIDOUX, Nicolas, *La Décroissance pour tous*, Lyon, Parangon, 2006.

RIFKIN, Jeremy, *La Fin du travail*, Paris, La Découverte, 1996.

RIST, Gilbert, "La nouvelle gestion publique peut-elle être sociale?", em Marie-Dominique PERROT *et al.*, *Ordres et désordres de l'esprit gestionnaire*, Lausana, Éditions Réalités sociales, 2006.

RIVERA, Annamaria, *La guerra dei simboli. Veli postcoloniali e retoriche sull'alterità*, Bari, Edizioni Dedalo, 2005.

ROBIN, Jacques, *Quand le travail quitte la société postindustrielle*, Paris, GRIT-éditeur, 1994.

ROTILLON, Gilles, "L'économie de l'environnement définit un espace de négociation rationnel", *Cosmopolitiques*, nº 13, Apogée, 2006.

ROUGEMONT, Denis de, *L'Avenir est notre affaire*, Paris, Stock, 1977.

RUFFOLO, Giorgio, "Crescita e sviluppo: critica e prospettive", Falconara/Macerata 8/9, Novembro de 2006.

SALHINS, Marshall, *Âge de pierre, âge d'abondance. L'économie des sociétés primitives* (1972), Paris, Gallimard, 1976.

SAS, Eva, "Conversion écologique de l'économie: quel impact sur l'emploi?", *Cosmopolitiques*, nº 13, Apogée, 2006.

SINGLETON, Michael, "Le coût caché de la décroissance", *Entropia*, nº 1, p. 53.

STERN, Nicholas, "The Economics of Climate Change, Executive summary", www.sternreview-org.uk, Outono de 2006.

TANGUY, Philippe, "Pauvreté et cohésion sociale en Mauritanie. Construction sociale et fonction d'une catégorie stigmatisante: la pauvreté", revista *Maghreb- Machreck*, nº 190, 2007.

TARDE, Gabriel, *Fragment d'histoire future*, Genebra, Slatkine, 1980.

TERTRAIS, Jean-Pierre, *Du développement à la décroissance. De la nécessité de sortir de l'impasse suicidaire du capitalisme*, Paris,

Éditions du Monde libertaire, Janeiro de 2004; nova edição 2006.

TESTART, Jacques, *Le Vélo, le Mur et le Citoyen. Que reste-t-il de la science?*, Paris, Belin, 2006.

TÉVOÉDJRÉ, Albert, *La Pauvreté richesse des peuplés*, Paris, Editions ouvrières, 1978.

TOMKINS, Richard, "Welcome to the age of less", *Financial Times*, 10 de Novembro de 2006.

TRAORÉ, Aminata, *Le Viol de l'imaginaire*, Actes Sud/Fayard, 2002.

VEBLEN, Thorstein, *Théorie de la classe de loisir*, Paris, Gallimard, col. Tel, 1970.

VIRILIO, Paul, *L'Espace critique*, Paris, Galilée, 1984.

——, *La Vitesse de libération*, Paris, Galilée, 1995.

WACKERNAGEL, Mathis, ""Il nostro planeta si sta esaurendo", em Andrea MASULLO (org.), *Economia e Ambiente. La sfida del terzo millennio*, Bolonha, EMI, 2005.

WACKERNAGEL, Mathis *et al.*, "Tracking the ecological overshoot of the human economy", *Proceedings of the National Academy of Sciences USA*, vol. 99, nº 14, 9 de Julho de 2002.

WAAL, Frans de, *Le Singe en nous*, Paris, Fayard, 2006.

WWF, relatório "Planète vivante 2006".

ZANOTELLI, Alex, *Avec ceux qui n'ont rien*, Paris, Flammarion, 2006.

ZIN, Jean, "Les limites de la décroissance", entrevista em *La Décroissance*, 13 de Janeiro de 2006.

Jornais e revistas

Boletim *Ligne d'horizon*, nº 36, Agosto-Setembro de 2006.

Cahier de l'IUED, nº 14, "Brouillons pour l'avenir: contributions au débat sur les alternatives", Paris/Genebra, PUF, 2003.

Campagnes solidaires, mensário da confederação camponesa, nº 182, Fevereiro de 2004.

"Peut-on faire l'économie de l'environnement?", *Cosmopolitiques*, nº 13, Apogée, 2006.

La Décroissance. Le journal de la joie de vivre, por Casseurs de pub, 11 place Croix-Pâquet, 69001 Lyon.
L'Ecologiste, nº 8, Outubro de 2002; nº 14, Outubro de 2004; nº 20, Setembro-Novembro de 2006.
Entropia, Lyon, Parangon, nº 1, "Décroissance et politique", Novembro de 2006; nº 2, "Travail et décroissance", Março de 2007.
Le Figaro, 24 de Março de 2006.
Financial Times, 10 Novembro de 2006.
Le Monde, 22 Novembro de 1991; 2 de Abril de 1996; 16 de Fevereiro de 2002; 19 de Junho de 2003; 14 de Fevereiro de 2004; 11 de Abril de 2004; 12 de Abril de 2004; 16-17 de Junho de 2005; 30 de Julho de 2006.
Le Monde diplomatique, Maio de 2001; Julho de 2004; Janeiro de 2005.
Le Nouvel Économiste, 26 de Março de 2004.
Le Nouvel Observateur, 12-18 de Junho de 1972.
Libération, 8 de Fevereiro de 2002; 27 de Junho de 2005.
Politis, 11 de Dezembro de 2003; 14 de Dezembro de 2006.
Revue du MAUSS, nº 24, "Une théorie sociologique générale est-elle pensable?", La Découverte, 2º semestre 2004.
Silence, "La peur de la décroissance", nº 280, Fevereiro de 2002; "Écologie – Alternative – Non violence", nº 302, Outubro de 2003.
Le Soir de Bruxelles, 2 de Maio de 2007.
Vert contact, nº 709, Abril de 2004.
WWF, relatório "Planète vivante 2006".

Lista das minhas publicações (artigos e entrevistas) sobre o decrescimento

"Décroissance", in *Le Dictionnaire des sciences humaines*, (org.) Sylvie Mesure e Patrick Savidan, Paris, PUF, 2006.
"Le changement de cap ne se fera pas sans douleur", entrevista em "Peut-on faire l'économie de l'environnement?", *Cosmopolitiques*, nº 13, Apogée, 2006.

"La décroissance, pourquoi?", *Vert Contact*, nº 709, (debate Lipietz), Abril de 2004.

"Pédagogie des catastrophes", *La Décroissance*, nº 1, Março de 2004.

"Pour une politique de décroissance des transports", *La Décroissance*, nº 2, Abril-Maio de 2004.

"Antiproductivisme, Décroissance, Développement durable et Post développement", La Tourette, Centre Thomas More, Fevereiro de 2004.

"Pour une société de décroissance", *Le Monde diplomatique*, Novembro de 2003.

"Il faut jeter le bébé plutôt que l'eau du bain", IUED, *Nouveaux Cahiers*, nº 14, "Brouillons pour l'avenir, contributions au débat sur les alternatives (avec ma réponse à Christian Coméliau)", 2003.

"Dossier sur la décroissance", debate com René Passet, *Politis*, 11 de Dezembro de 2003.

"Pourquoi la décroissance? Le cas aberrant des transports", *Vert Contact*, 2003.

"Contre l'ethnocentrisme du développement. Et la décroissance sauvera le Sud...", *Le Monde diplomatique*, Novembro de 2004.

"La décroissance comme préalable et non comme obstacle à une société conviviale", colóquio, Lyon, Setembro de 2003.

"Les 'décroisssants': consommer moins, économiser l'énergie", *Enjeux les Echos*, nº 208, décembre 2004.

"Objectif décroissance: La croissance en question", *Campagnes solidaires*, mensário da confederação camponesa, nº 182, Fevereiro de 2004.

"La foi irrationnelle dans le progrès balaie toute objection", entrevista, *CIO Stratégie et Technologie*, Março de 2005.

"Écofascisme ou écodémocratie. Vers la décroissance", *Le Monde diplomatique*, Novembro de 2005.

"La décroissance comme condition d'une société conviviale", *Cahiers Jacques Ellul*, L'Économie, L'Esprit du temps, 2005.

"Vivre simplement pour que d'autres, simplement, puissent vivre", entrevista publicada em *Les Concentrés*, jornal da confederação dos organismos da juventude, Bruxelas, Novembro-Dezembro de 2005.

"Penser une société de la décroissance. Entretien avec Emmanuelle Martin", *Alliance pour une Europe des consciences*, nº 7, Janeiro de 2006.

Entrevista sobre o decrescimento, *Ecorev,* Revue critique d'écologie politique, nº 21, Outono de 2005.

"Pour une renaissance du local", *L'Écologiste,* nº 15, Abril-Maio de 2005.

"La déraison de la croissance des transports. A bâbord!", Quebeque, Outubro-Novembro de 2005.

Entrevista sobre o decrescimento, *La Dynamo,* revista do APEAS, nº 37, Setembro de 2005.

"Relocaliser l'économie", *La Décroissance,* nº 28, septembre 2005.

"Le défi de la décroissance", *Espace de liberté,* nº 331, Bruxelas, Maio de 2005.

"Sortir des pièges de l'effet rebond", *Silence,* nº 322, Abril de 2005.

Nature et Progrès, (a revista da bio), nº 55, Novembro-Dezembro 2005-2006. "Politique de décroissance: vivre localement".

"La decrescita", em Giovanna RICOVERI (org.), *Capitalismo Natura socialismo,* Milão, Jaca Book, 2006.

"La déraison de la croissance", em *L'Alpe,* nº 32, (revista da muséé Dauphinois), 2006.

"Faut-il avoir peur d'abandonner la course à la croissance?", entrevista com Serge Latouche, *Alternatives non-violentes,* nº 138, Março de 2006.

Entrevista, *Jibrile,* nº 6, Liège, Primavera de 2006.